Sigmund Freuds *Die Traumdeutung* gehört zu den einflussreichsten Büchern des 20. Jahrhunderts. Der Erscheinungstermin der Erstausgabe (November 1899) wurde – wohl in Hoffnung auf seine große Bedeutung – auf das Jahr 1900 vordatiert. Exemplare der Erstausgabe werden heute zu Höchstpreisen gehandelt, die teuerste Ausgabe kostete rund 60.000 Euro. Auf der Titelseite steht das lateinische Motto *Flectere si nequeo superos, Acheronta movebo* aus Vergils *Aeneis*: „Wenn ich die himmlischen Götter nicht erweichen kann, so werde ich die Hölle in Bewegung setzen." Freud bezeichnete die Traumdeutung als „Via regia", als „Königsweg" zum Unbewussten. Er hielt dies Werk zeitlebens für sein wichtigstes.

Freuds *Traumdeutung* (1900) ist ein epochemachendes Werk und wohl der kühnste Versuch, der je gemacht wurde, auf dem scheinbar festen Boden der Empirie die Rätsel der unbewußten Psyche zu meistern.

C. G. Jung, GW 15, § 64

Wie ein alttestamentlicher Prophet hat er es unternommen, falsche Götter zu stürzen, den Vorhang wegzuziehen von einem Haufen von Unehrlichkeit und Heucheleien und mitleidlos die Fäulnis der zeitgenössischen Seele dem Tageslicht preiszugeben. Er hat es nicht gescheut, die Unpopularität eines solchen Unterfangens einzustecken. Der Antrieb, den er damit unserer Kultur gegeben hat, bestand in seiner Entdeckung eines Zugangs zum Unbewußten. Mit der Anerkennung des Traumes als wichtigster Informationsquelle über die Vorgänge im Unbewußten hat er einen Wert der Vergangenheit und Vergessenheit entrissen, welcher unrettbar verloren schien.

Jung, Jaffé, Erinnerungen, 1962, S. 172 f.

inhalt

inhalt

Liebe Leserinnen und Leser,

wir können mit diesem 40. Heft ein kleines Jubiläum feiern: Vor rund 20 Jahren wurde die Zeitschrift durch die C. G. Jung-Gesellschaft Köln – unter Leitung von Dieter Schnocks gegründet – seit 10 Jahren wird sie von unserem Stuttgarter Redaktionsteam betreut. Grund genug, diesmal ein explizit „jungianisches" Thema zu wählen und den Umfang auch ein wenig zu erhöhen, gewissermaßen als Dank und kleines Geschenk an unsere treuen Leser.

Träume haben die Menschen schon seit Urzeiten tief beeindruckt. Sie waren und sind für viele Menschen der einfachste und unmittelbarste Zugang zu den tiefer liegenden Dimensionen unserer Seele und ihrer symbolischen Sprache. Träume sind die Quelle archetypischer und transpersonaler Bilder, wie sie sich in religiösen Visionen, in den Mythen, Märchen und der Kunst spiegeln.

Weil die Traumwelt ganz anderen Gesetzmäßigkeiten zu folgen scheint, als wir sie aus der Wachwelt kennen, und wir in ihr Erfahrungen machen können, die weit jenseits unserer Alltagsrealität liegen, verknüpfen sich mit der Traumwirklichkeit seit je viele Ängste und Hoffnungen. Da wir uns im Traum in fremden Gegenden aufhalten, auf den verschiedensten Weisen unterwegs sind, ja sogar fliegen können, lag früheren Kulturen der Gedanke nahe, im Traum würde sich die Seele vom Körper lösen, würde in andere, auch „jenseitige" Welten reisen, dort mit den Seelen lebender, wie verstorbener Menschen in Beziehung treten. Andere glaubten, im Traumzustand könnten Dämonen und böse Geister vom Menschen Besitz ergreifen (Albträume und plötzliches panikartiges Erwachen).

Das Zeitempfinden im Traum ist stark verändert. Wir können den Eindruck haben, dass uns Einblicke in ferne Vergangenheiten, ja sogar in frühere Leben geschenkt werden oder dass wir visionär zukünftige Ereignisse schauen. Zeitlich getrennte Ereignisse können als eng verwobener Prozess erscheinen, Vergangenheit, Gegenwart und Zukunft als gleichzeitig erlebt werden.

In allen Kulturen wurden Träume auch als das Medium verstanden, durch das sich Gottheiten, das Göttliche, Engel oder andere Mächte den Menschen offenbaren und ihnen Hinweise für ihren weiteren Lebensweg und zu ihrer Gesundheit geben konnten.

Denken wir an einige biblische Gestalten, wie z. B. Josef, der dem Pharao die Träume deutete, oder an Jakob. Jakob ist auf der Flucht vor seinem Bruder Esau, den er um sein Erstgeburtsrecht betrogen hat. Als er in einer Nacht seinen Kopf auf einen Stein gebettet hat, träumt er von einer Leiter, die bis zum Himmel reicht und auf der Engel auf- und absteigen (siehe S. 86).

In der griechisch-römischen Antike gab es die Vorstellung, dass man während des Schlafs in eigens dafür eingerichteten Tempeln, zum Beispiel Epidauros in Griechenland, hilfreiche Weisungen erhalten konnte. Nach einer Fastenzeit und einer rituellen Reinigung hielt man in einem heiligen Raum auf einem besonderen Bett, der „kline", von der sich auch unser heutiges Wort Klinik ableitet, den Tempelschlaf, die „Inkubation", und erhoffte sich, durch einen Traum zu erfahren, woher ein Leiden kam und was man dagegen tun konnte.

Diese antike „Tempelschlaf"-Methode erinnert an heutige Therapieformen, etwa denen der tiefenpsychologischen Richtungen. In ihnen geht es oft darum, dass sich der Mensch, der unter einer seelischen Störung leidet oder sich in einer Krise befindet, in einen regressiven Prozess hinein begibt, in dem er sich mit unbewussten Fantasien, Symbolen und Träumen auseinandersetzt und auf diese Weise ein vertieftes Verständnis seiner Probleme zu gewinnen sucht.

Nach heutiger naturwissenschaftlicher Auffassung handelt es sich bei den Träumen nicht um außerkörperliche Erfahrungen oder unmittelbare göttliche Offenbarungen, sondern um neuropsychologische Denk- und Fantasievorgänge, die jede Nacht ablaufen und sich von unserem bewussten Wachdenken vor allem dadurch unterscheiden, dass in ihnen das rational-logische Prinzip zugunsten des mehr gefühlsmäßigen, assoziativ-bildhaften Denkens zurücktritt. Die Psyche ist auch im Schlaf- und Traumzustand schöpferisch tätig. Sie verarbeitet dann emotional bedeutsame Tagesreste, beschäftigt sich in oft sehr kreativer Weise mit unseren Wünschen, Konflikten und Ängsten, zeigt, wie wir uns, die Welt und unsere Mitmenschen erleben, versucht Antworten und Lösungen zu finden, balanciert Einseitigkeiten aus, integriert seelische Verwundungen und Verletzungen und vermag neue Entwicklungen anzustoßen.

Wie auch immer man die Träume versteht: Die Arbeit mit ihnen ermöglicht uns einen faszinierenden Einblick in die fantastische Welt der schöpferischen seelischen Vorgänge. Die meisten Menschen, die sich ernsthaft auf ihre Träume einlassen, erfahren sie als sehr hilfreich und anregend. Es scheint ihnen, als würden sie über ihre Träume einen einfachen und natürlichen Zugang zu den Quellen ihres seelischen Lebens finden. Mithilfe ihrer Träume vertiefen sie ihre Selbsterkenntnis, lösen Probleme,

überwinden Ängste, bewältigen Lebenskrisen und fühlen sich zu neuen Taten inspiriert. Viele Künstler und Wissenschaftler haben berichtet, dass sie ihre besten Ideen und Inspirationen der autonomen unbewussten Seelentätigkeit verdanken, dass ihnen wichtige Einfälle in traum- und tranceähnlichen Zuständen kamen und dass manche ihrer Projekte, mit denen sie nicht weiterkamen, gelöst waren, nachdem sie eine Nacht darüber geschlafen hatten.

Von all diesen wundersamen Phänomenen, die uns in der Nacht geschehen können, handelt dieses Heft, und wir würden uns freuen, es würde Sie anregen, allen Ihren Träumen, den Tag- und Nachträumen, wieder mehr Aufmerksamkeit zu schenken und sich von ihnen für ein schöpferisches Leben inspirieren zu lassen. Das wünschen Ihnen im Namen des Redaktionsteams

Ihre

Anette und Lutz Müller

Ich habe nämlich weder in religiöser noch in anderer Hinsicht Gewissheit über meine Symbole. Morgen können sie sich ändern. Es sind nur Anspielungen, sie deuten auf etwas hin, sie stammeln, und oft gehen sie in die Irre. Sie versuchen nur, in eine bestimmte Richtung zu weisen, nämlich zu jenen dunklen Horizonten, hinter denen das Geheimnis des Seins verborgen ist. Sie sind eben gerade keine Gnosis, keine metaphysischen Behauptungen. Zum Teil sind es sogar unzulängliche und zweifelhafte Versuche, das Unaussprechliche auszudrücken. Darum ist ihre Zahl unendlich und die Gültigkeit eines jeden ungewiß. Es sind nur bescheidene Bemühungen, das nicht zu Beschreibende zu formulieren, zu definieren, zu formen. „Wo fass' ich Dich, unendliche Natur?" (Faust). Sie bilden keine Lehre, sondern sind nur Ausdruck der Erfahrung eines unaussprechlichen Mysteriums und eine Antwort darauf.

C. G. Jung, Briefe 3, S. 15 f.

ICH - BEWUSSTSEIN

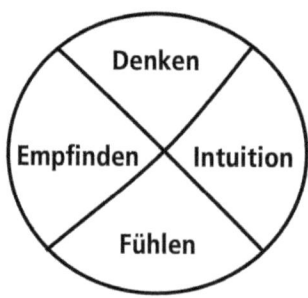

INTROVERSION

EXTRAVERSION

Denken

Empfinden — Intuition

Fühlen

PERSONA

-- Horizont
Bewusstsein

PERSÖNLICHES UNBEWUSSTES
Komplexfelder mit Biografischen Engrammen

Mutter
Komplex

Eltern
Komplex

SCHATTEN

Geschwister
Komplex

Vater
Komplex

- -

KOLLEKTIVES UNBEWUSSTES
Archetypische Wirkfelder

Matriarchaler
Archetyp

Patriarchaler
Archetyp

SELBST - SEIN

Strukturmodell der Psyche nach Konzepten der Analytischen Psychologie © Dieter Schnocks

Was uns Träume sagen können

Dieter Schnocks

Zum Phänomen Traum

Wir träumen jede Nacht

Mit der Entdeckung des REM-Schlafs 1953 beginnt die eigentliche, durch im Labor gemessene Daten untermauerte, Erforschung vom Traum. In den REM-Schlafphasen macht der Schläfer rasche Augenbewegungen (rapid eye movements) und träumt dabei intensiv.

Wir wissen heute: Auch in den NON-REM-Phasen wird geträumt, wenn auch nicht so viel und intensiv wie in den REM-Phasen. Man kann also sagen, dass offenbar in allen Schlafphasen geträumt wird. Unsere umgangssprachliche Formulierung *Ich habe nichts geträumt*, wenn ich mich an keinen Traum erinnere, entspricht also nicht der Wahrheit. Jede Nacht träumen wir in den verschiedenen Schlafphasen, nur erinnern wir uns an die Träume gar nicht oder in geringem Maße.

Träume sind keine Schäume

Unsere Träume wirken oft auf den ersten Blick wie irreale, flüchtige, abstruse Fantasiegebilde, die mit unserem wachen Erleben nicht das Geringste zu tun zu haben scheinen, oder zumindest aus unseren Lebenseindrücken scheinbar unsinnigen Schaum schlagen – Seifenblasen, die zerplatzen, wenn wir wieder wach und klar sind.

Aber doch: Die Träume beschäftigen uns immer wieder, auch wenn wir wach sind, klingen als Stimmung im täglichen Leben nach oder drängen sich in unseren Gedanken immer wieder auf. Es stellt sich die Frage: Lohnt es sich, die Träume in das Leben zu holen? Und kann Traumverstehen womöglich unser Leben durch altes Wissen der Menschheit bereichern?

In vielen alten Kulturen wurde den Träumen eine besondere Bedeutung beigemessen. Die alten Griechen beispielsweise nahmen Träume außerordentlich ernst. Eindrucksvoll und schön zu lesen ist die Zusammenstellung einer Unmenge von antikem Wissen über die Traumkunst bei Artemidor. Hier finden wir Vieles, was wir heute als abergläubische Betrachtung bezeichnen würden. Insbesondere suchten die Griechen in den Träumen die prophetische Vorhersage des zukünftigen Schicksals.

Der Traum wurde in der Geschichte der Menschheit immer wieder auch als Übermittler bedeutender Signale aus der göttlichen oder transzendenten Welt verstanden. In der Bibel, vor allem im Alten Testament, werden bedeutende Träume geschildert, etwa die Prophetenträume, Jacobs Traum von der Himmelsleiter, Josefs Traum in Ägypten. Auch in der orientalisch-islamischen Kultur spielen Träume eine wichtige Rolle. Mohammeds Eingebungen, die im Koran zu lesen sind, wirken auf viele islamfremde Betrachter zuerst einmal wie faszinierende Traumbilder.

Traumforschung

Unsere heutige wissenschaftliche Auseinandersetzung mit dem Thema Traum beschäftigt sich mit dem träumenden Gehirn. Obwohl die aktuelle Hirnforschung viele neue Erkenntnisse bezüglich der Abläufe in unserem Gehirn beim Träumen erbracht hat, stehen wir weiterhin vor einem sehr komplizierten Bild.

Ein wichtiges Ergebnis der Hirnforschung zeigt, dass die beim Träumen spezifische Erregungsausbreitung in den entsprechenden Hirnregionen interessanterweise auch im Wachzustand zu beobachten ist, wenn sogenannte Basisemotionen (wie z. B. Aggression,

Sexualität und Angst) erlebt werden. Man kann somit davon ausgehen, dass der Ablauf des Hirngeschehens beim Träumen ähnlich ist, wie beim Erleben von Basisemotionen im Wacherleben. Das wache Ich-Erleben und das Traumerleben hängen also stark zusammen.

Als ein weiteres Ergebnis zur Funktion der Träume hat die moderne Hirnforschung herausgefunden, dass das, was wir tagsüber lernen, in den REM-Phasen des Schlafs und seinem Traumgeschehen ins Langzeitgedächtnis überführt wird (vgl. Spitzer 2002, S. 21 ff.) Die Abläufe in den Traumphasen haben also eine eindeutig neurobiologische Bedeutung für die langfristige Gedächtnisbildung.

Zudem scheint der Traum für die Stressbewältigung existenziell wichtig zu sein. Traumdeprivation bewirkt psychische Destabilisierung bzw. Beeinträchtigung der emotionalen Gesundheit.

Weitere Befunde der Hirn- und Traumforschung zeigen, dass in den Träumen viele Tagesreste vorkommen. Man kann sich gut vorstellen, dass sie das Traumgeschehen in Gang setzen, und dienen dann wohl oft als Auslöser für die Behandlung oder Verarbeitung bestimmter Themen im Traum. Auch findet durch das Traumgeschehen ein Abgleich der Tagesgedanken mit den im Gehirn vorhandenen Abspeicherungen von instinktgebundenen Verhaltens- und Erlebnisweisen statt, wobei im Traum ein sogenanntes „emotionales Gehirn" aktiviert wird. Damit könnten ererbtes Instinktrepertoire bzw. archetypische Muster im Traum ausgelöst und mit den aktuellen Themen in Verbindung gebracht werden.

Woher kommt der Stoff, aus dem die Träume sind?

Tagesreste als Auslöser
Es ist schon erstaunlich, wem und welchen Situationen wir in unseren Träumen begegnen. Viele Alltagsthemen werden zu Traumthemen. Beziehungsfragen und Familienkonflikte sowie insbesondere die oft hoch emotional besetzen Fragen um das Thema Liebe bieten viel Stoff für unsere Träume. Ebenso sind es berufliche

Nöte und nicht zuletzt unsere Ängste, die uns im Traum umtreiben, den Schlaf belasten und auch morgens nach dem Erwachen noch unsere Gefühle bestimmen.

Darüber hinaus scheinen sich aber auch Themen in den Traum zu drängen, zu denen wir auch nach reiflicher Überlegung keinen bewussten Auslöser im Tagesgeschehen finden können. Hier handelt es sich wohl um thematische Impulse, die ganz individuell für das eigene Leben und die Lebensgestaltung wichtig sind. Aus dem Blickwinkel der Psychologie C. G. Jungs sehen wir hier auch die Individuationsimpulse, die, aus den Träumen kommend, ins Leben wollen.

Inhalte aus dem Unbewussten
In der Analytischen Psychologie wird daher davon ausgegangen, dass sich das Unbewusste aus persönlichen und kollektiven Inhalten zusammensetzt. Das persönliche Unbewusste beinhaltet die abgespeicherten persönlichen Lebenserfahrungen. Das kollektive Unbewusste verfügt über archetypisches Wissen, altes Wissen der Menschheit, was wir auch in Mythen oder den Religionen vorfinden und das weitergegeben wird.

Das Unbewusste schöpft also nicht nur aus den persönlichen Erfahrungen, sondern kann auch auf einen viel weiterreichenden Erfahrungsschatz zurückgreifen. Die beiden Schichten des persönlichen und des kollektiven Unbewussten wirken zusammen. Sie sind mit ihren komplexen Strukturen und deren Zusammenspiel für die verschiedenen Aspekte bei den Traumschöpfungen wesentlich mitverantwortlich. Aus allen Schichten der Psyche gibt es Einflussnahme auf die Träume. (vgl. nebenstehende Abb.)

Wahrheiten aus dem Schatten
In vielen Träumen kann man Schatteninhalte entdecken. Im Schatten unserer Persönlichkeit sind unsere Antiwerte gespeichert: das, was ich an mir wissen könnte, aber nicht wahrhaben will; das, was böse an mir ist; das Unangepasste; das Kindische; das was mein Ich-Ideal an mir nicht akzeptieren kann. Der Schat-

ten funktioniert wie eine Art Container, der alles das aufnimmt und aufbewahrt, was dem Bewusstsein minderwertig, lästig, unbequem und aktuell störend erscheint.

Oft erleben wir unsere Schatteninhalte subjektiv als etwas Destruktives. Von außen oft nicht sichtbar, tritt es uns als inneres Erlebnis entgegen und lässt uns nicht selten leiden. Jeder muss aber mit seinen Impulsen aus dem Schatten umgehen und somit auch mit seinen Triebimpulsen wie Aggression, Sexualität und Habenwollen kämpfen, die bei jedem Menschen Schatteninhalte sind. In unseren Träumen melden sich oft unsere verdrängten Aggressionen und die ungelebten Wünsche. Es können sich natürlich auch eigene Bösartigkeiten, Konkurrenz und Neidimpulse melden.

Aber auch sonstige verdrängte Emotionen und Lebensthemen sind Inhalt des Schattens. So können durchaus positive Anteile im Schatten verborgen liegen – etwa, wenn man sich selbst nichts zutraut und die positiven Eigenschaften verdrängt. Gerade sie melden sich häufig über die Träume und rufen den Träumer auf, diese für ihn wichtigen Energien ins Leben zu nehmen.

Das Verstehen solcher Trauminhalte kann im günstigen Fall dazu führen, sich mit diesen im Traum dargestellten, im Dunklen liegenden Anteilen der Persönlichkeit zu „befreunden".

Lebenserfahrungen aus den Komplexen

Als wichtige Teilbereiche unseres Unbewussten liefern unsere Komplexe Stoffe, die mit ihrem Bildmaterial das Traumgeschehen oft maßgeblich beeinflussen. Komplexe sind etwas sehr Persönliches. Bei jedem sind die Komplexinhalte von ganz individuellen Erfahrungen geprägt.

Das Komplexkonzept der Analytischen Psychologie geht davon aus, dass bei allem Erleben Verdrängungen stattfinden. Es treten Abkapselungen von Inhalten ein, die dann dem Bewusstsein nicht mehr ohne Weiteres zur Verfügung stehen. Zudem werden viele Inhalte vergessen und sinken ins Unbewusste. Von diesen abgekapselten, verdrängten und

vergessenen Inhalten, die im Komplex gespeichert sind, gehen starke Einflüsse in unsere Träume aus. Natürlich gibt es aber auch Einflüsse auf das bewusste Erleben. Wir „erleben" die Auswirkungen unserer Komplexe auch im bewussten Leben – meist jedoch, ohne zu wissen, wieso und woher diese emotionalen Impulse stammen.

Insbesondere sind es die familiären Erfahrungen, die in unseren Familien- oder Beziehungskomplexen gespeichert sind. Sie steigen in den Träumen als Inhalte aus dem Vater-, Mutter-, Eltern- und Geschwisterkomplex auf. Oft sind diese Erinnerungsbilder, die ja zum Teil aus ganz frühen Lebenssituationen stammen, emotional stark aufgeladen.

Auch Inhalte aus anderen persönlichen Beziehungskomplexen drängen in die Träume. So können sich auch Personen und Figuren aus unserem Bekannten- oder Freundeskreis im Traumspiel zeigen, falls mit ihnen komplexhafte Erfahrungen verbunden sind. Menschliche Figuren, mit denen uns keine besondere Beziehung im Wachleben verbindet, zeigen nach genauerer Betrachtung des Kontexthintergrundes oft dann doch einen nachvollziehbaren Bezug zum Traumthema.

Komplexinhalte stellen sich aber nicht nur in menschlichen Figuren dar. Alle möglichen Bilder von komplexhaften Lebenssituationen können die emotionalen Abspeicherungen aus den Komplexen in den Träumen verkörpern und als passende Hinzufügung zum Traumthema wirksam werden.

Die Komplexinhalte melden sich dann in den Träumen, wenn ein Komplex „konstelliert" ist. Dies bedeutet, dass durch einen äußeren oder inneren Auslöser ein psychischer Vorgang in Gang kommt, was zu einer Bereitstellung von Erfahrungsinhalten aus den gespeicherten Komplexinhalten führt. Im Leben führt diese abwartende Bereitschaftsstellung zu spezifischer Wahrnehmung und entsprechenden Reaktionen. Im Traum werden die Komplexinhalte in das Traumgeschehen eingewoben und stellen als Erfahrungsinhalte einen sinnvollen und oft erhellenden Bezug zum aktuellen Thema des Träumers her.

traum

Archeypische Hinzufügungen

Nicht nur Inhalte aus dem persönlichen Unbewussten werden in unseren Träumen verarbeitet. Nach der Anschauung der Analytischen Psychologie hat unser Unbewusstes auch Anteil an einem überpersönlichen Wissen, einer Art kollektiver Weisheit. In unseren Träumen wird das immer dann deutlich, wenn Personen oder Symbole auftauchen, die ganz offensichtlich nicht dem alltäglichen Erfahrungsraum entstammen, sondern darüber hinausweisen.

Das kollektive Unbewusste beinhaltet die vielfältigen archetypischen Wirkfelder. Hier finden sich z. B. die Hauptarchetypen des großen Männlichen und des großen Weiblichen. Besonders wichtig sind der Mutter- und Vaterarchetyp, der Archetyp des Helden, der Heldin, der alten Weisen, des alten Weisen. Wir kennen das archetypische Bild des göttlichen Kindes, welches für Neuwerdung steht. Auch archetypische Polaritäten wie Trennung vs. Bindung und seelische Gegensätze wie z. B. Puer aeternus vs. Senex in der männlichen Psyche wirken mit ihrer symbolischen Bildersprache aus dem kollektiven Unbewussten heraus auf die Traumgestaltung und natürlich auf das bewusste Ich des Menschen.

Besonders in Lebenskrisen tauchen archetypische Träume mit ihren oft beeindruckenden Bildern auf - also dann, wenn unsere Seele stark aufgewühlt ist und das Bedürfnis nach inneren Bildern, die Kraft und Orientierung geben, besonders groß ist. So erscheinen starke überpersönliche Frauengestalten nicht selten in Träumen von Frauen, die in großer seelischer Not sind.

Traumimpulse aus dem SELBST

C. G. Jung hat das Konzept des SELBST in Anlehnung an die indische Atman-Vorstellung entwickelt. Aus dem Selbst-Bereich kommen letztendlich alle tiefergehenden Impulse für die Entwicklung und Individuation des Menschen. Auch die Bilder für die göttlichen Mächte, die Gottesbilder, entstehen aus dieser Schicht der Psyche. Der gläubige Mensch sieht in den Wirkungen dieser Gottesbilder das Walten Gottes.

Als SELBST wird also in der Analytischen Psychologie ein übergeordnetes autonomes Gestaltungsprinzip bezeichnet, das wie ein *spiritus rector* die Entwicklung des Menschen mitsteuert. In unseren Träumen erleben wir Impulse aus der Ebene des SELBST als besonders stark und eindrücklich. Oft zeigen sie sich in Bildern, die die Selbstsicherheit stärken können.

Man muss sich jedoch auch klar darüber sein, dass in den Träumen, die aus diesen tiefen Schichten unserer Seele kommen, oft starke energetische Kräfte in unser Erleben transportiert werden, die nicht immer nur als hilfreich empfunden werden. Es können sehr aufwühlende oder auch destruktive Impulse sein, die aus solchen Träumen heraus wirken.

Wichtig ist jedoch die Vorstellung, dass die Traumimpulse aus dem SELBST es sind, die uns mit ihren nicht selten stark bewegenden Bildern auf unserem Individuationsweg weiter voranbringen.

Entschlüsselung der Träume

Der Traum kompensiert

Jung ist der Ansicht, dass sich die Träume kompensatorisch zur jeweiligen Bewusstseinslage verhalten. Im Traum wissen wir mehr – oder auch ganz andere Dinge – über uns und unser Leben als im wachen Zustand. Unsere Träume schicken uns ihre Botschaften, um uns bei unserer persönlichen Entwicklung zu unterstützen. Vor allem, wenn im bewussten Ich des Träumers eine zu große Einseitigkeit dominiert, greift das Unbewusste im Traum oft ein. Die einseitige Sichtweise wird kompensiert und so vervollständigt und ergänzt.

Viele, aber nicht alle Träume sind kompensatorisch zu verstehen. Daher empfiehlt Jung an anderer Stelle, wenn ein Traum richtig gedeutet werden solle, so bedürfe das einer gründlichen Kenntnis der momentanen Bewusstseinslage des Träumers, denn der Traum enthalte deren unbewusste Ergänzung.

Die Kompensation findet im Traum oft durch abweichendes Verhalten des Traum-Ichs, durch die Darstellung von Schatten- und oft auch Komplexinhalten statt, die im bewussten Ich so nicht bekannt waren. Zudem sind es auch archetypische Impulse, die wichtige Kompensationen in die Träume einbringen.

Die Spiegelung ist eine besondere Form der Anregung zur Kompensation. Werden im Traum das bewusste und gelebte Verhalten und bewusste Einstellungen dargestellt, so kann der Traum dieser Haltung den Spiegel vorhalten. Dieses *So-bist-du* will den Träumer dazu anregen, Bestehendes infrage zu stellen. Er kann und sollte den vorgehaltenen Spiegel zur Reflexion nutzen.

Aber auch dabei kommt es darauf an, die Traumbotschaft sensibel und genau zu entschlüsseln. Es besteht beispielsweise ein Unterschied, ob z. B. aggressive Aktivitäten des Traum-Ichs als Kompensation im Sinne der oben erwähnten Gegenpoldarstellung oder als Spiegelung verstanden werden. Wenn der Träumer im Alltag wenig durchsetzungsfähig ist und seine eigenen Aggressionen verdrängt, präsentiert der Traum möglicherweise kompensatorisch ein aggressives Traum-Ich. Der Traum kann aber auch durch die spiegelnde Betonung von aggressivem Verhalten zur Korrektur auffordern. So ist zu erkennen, dass im Alltag häufig in überzogener Weise aggressiv agiert wird. Jedenfalls ist die kompensatorische Sichtweise bei der Entschlüsselung der Träume sehr hilfreich.

Das Ich im Traum

Wir unterscheiden das Wach-Ich vom Traum-Ich: Wenn wir beispielsweise im Traum plötzlich eine ganz andere Gestalt haben, jünger oder älter sind, hübscher oder hässlicher, oder wenn wir im Traum Dinge tun, die uns im Wachzustand überhaupt nicht in den Sinn kämen, dann stellt sich die Frage: Wie unterscheiden sich die beiden Ich-Zustände?

Die Analytische Psychologie geht davon aus: Beim Träumen stehen diese beiden Ichs miteinander in Beziehung. Das bewusste Ich empfängt durch den Traum, den es als Wach-Ich erinnert, Signale aus dem Unbewussten. Gleichzeitig ist das Wach-Ich in vielerlei Hinsicht am Entstehen der erinnerten Traumbilder beteiligt.

Es ist interessant, dass in fast allen unseren Träumen ein „Ich" präsent ist. Wir haben das Gefühl, wir sind mit unserer Erlebnisfähigkeit im Traumgeschehen ebenso anwesend und involviert wie im Wachzustand. Meist erleben wir unsere Träume aus der Ich-Perspektive und können dabei sehen, hören und fühlen – wie auch im wachen Leben. Man kann also sagen: Das Traum-Ich wird als eine Art Verlängerung des Wach-Ichs in den Traum hinein erfahren.

Wie aber steht es mit den Eigenschaften und Fähigkeiten des Traum-Ichs?

Eine weitgehende Übereinstimmung von Traum-Ich und Wach-Ich scheint eher die Regel zu sein. Der Träumer verhält sich im Traum ähnlich wie im Wacherleben. Offensichtlich nutzt das Traum-Ich meistens die gleichen Abwehrformationen und hat überwiegend die gleichen Empfindungen und Gefühle, die es auch in der Realität in entsprechenden Situationen erleben würde. Das Ich im Traum ist damit in sehr vielen Träumen sogar einer der stabilsten Punkte im Traumszenarium.

Das schließt jedoch nicht aus, dass deutliche Auflockerungen möglich sind. Neben vielen Sonderfällen kann zum Beispiel im Traum das Traum-Ich ein Eigenleben führen, sich so verhalten, wie es sich im Wachzustand niemals verhalten würde. So kann ein vom wachen Pendant abweichendes Traum-Ich-Verhalten eine positive Kritik liefern und somit auf der Suche nach dem „wahren Ich" zu einer vertieften Reflexion anregen.

Im Sinne der Konzeption von C. G. Jung könnte ein solches abweichendes Verhalten des Traum-Ichs wichtige Hinweise aus Bereichen des Unbewussten liefern. Man könnte dabei von einer Einflussnahme aus der innerseelischen Instanz (dem SELBST) sprechen.

Muttersprache der Träume ist die Symbolsprache

Vorwiegend sprechen unsere Träume in Bildern. Es gibt in Träumen auch immer wieder Sprache bzw. es wird in ihnen gesprochen. Auch Gerüche und taktile Erfahrungen kommen vor. Die Bildsprache ist aber im Vordergrund. Dabei gibt es Verbilderungen aus dem

traum

realen Leben und solche, die quasi nur symbolisch zu verstehen sind. Diese symbolische Bildsprache verstehend in Worte zu übersetzen, ist oft nicht einfach.

Sprichwörtlich sagt man: Symbole sagen mehr als tausend Worte. Sie haben die Fähigkeit, besser umfassende und vielschichtige Inhalte darstellen zu können als dies das gesprochene oder geschriebene Wort kann. Das lebendige Symbol verbindet verschiedene, nicht selten gegensätzliche Aspekte einer Sache sinnvoll miteinander.

In den Träumen zeigen sich viele Symbolbilderungen, die für das moderne Bewusstsein zuerst einmal übersetzt werden müssen. Dabei ist grundsätzlich das Wissen um die Vieldeutigkeit des Symbols die erste Voraussetzung für einen sinnvollen Umgang mit Symbolen.

In der Analytischen Psychologie kennen wir für das Erkunden von Traumsymbolen verschiedene aufeinander aufbauende Vorgehensweisen. Wichtig ist zuerst die persönliche Bedeutung zu erkunden, dann ist es sinnvoll, frei und/oder fokussiert zum Symbolbild zu assoziieren. Zudem kann der reiche Schatz kollektiver Symbolbedeutungen hinzugezogen werden (z. B. mithilfe von Symbol-Lexikas oder www.symbolonline.de). Damit kann dann bei entsprechender Bedeutungslage eine erweiterte Bedeutungsanreicherung ermöglicht werden, was zu einem deutlich tieferen Verständnis für einen Symbolausdruck führen kann.

Sinnvoll für ein vertieftes emotionales Erkunden eines Traumbildes ist auch, es durch kreative Gestaltung konkreter, sichtbarer und dadurch fassbarer zu machen. So ist in der therapeutischen Traum- und Symbolarbeit das Malen und Zeichnen der Traumsymbolbilder oft sehr hilfreich.

Traumkontext, objekt- und subjektstufige Sinnfindung

Will man die Inhalte der Träume verstehen, müssen wir die Bildersprache der Träume lesen lernen. Zunächst ist es dazu wichtig, die Traumbilder innerhalb der Erfahrungswelt des Träumers einzuordnen, d. h. den Kontext herzustellen. Mithilfe des Träumers sollte geklärt werden, in welchem Zusammenhang die Bilder entstanden oder zu sehen sind. Dabei muss insbesondere der Frage nachgegangen werden, welche bewusste persönliche Bedeutung die konkreten Traumbilder für den Träumer haben. Die Kontextherstellung bildet die Basis der Verstehensarbeit mit dem Traum.

Dann stellt sich für jeden Traum aufs Neue die Frage, ob Subjektstufe, Objektstufe oder beide Betrachtungsweisen zum Verstehen eines Traumes Anwendung finden sollen.

Bei der objektstufigen Sichtweise werden die Traumbilder im Hinblick auf die äußeren Lebensumstände des Träumers betrachtet. Der Traum wird daraufhin untersucht, wie die Inhalte mit der Lebensrealität des Träumers in Zusammenhang stehen. Oft zeigt der Traum Ergänzungen zur bewussten Einschätzung der im Augenblick wichtigen Lebensthemen.

Die subjektstufige Sichtweise sieht die Traumbilder als Abbild der inneren emotionalen Realität. Hier wird die Annahme zugrunde gelegt, dass alles, was sich im Traum ereignet, und alle Bilder, die dort entstehen, Teil unseres Innenlebens sind. Der Träumer selbst ist die gesamte Welt seines Traumes, und seine verschiedenen Persönlichkeitsanteile spielen auf der inneren Theaterbühne des Traumes ihr oft dramatisches Spiel.

Insbesondere die Betrachtung von stark symbolischen Träumen auf der Subjektstufe bedeutet immer einen großen Gewinn. Energetische Ressourcen und Potenziale aus tieferen archetypischen Bereichen der Seele können freigelegt werden. Im tieferen Sinne bedeutet subjektstufige Traumarbeit, sich den unendlich vielen inneren Gegensätzen und polaren Energieimpulsen zu stellen.

Traumimpulse für unsere Individuation

Erkenne Dich selbst in Deinen Träumen

Das Individuationskonzept C. G. Jungs verbindet die beiden Aufforderungen der alten Griechen *Werde der du bist* und *Erkenne dich selbst* zu einem modernen Konzept der Selbstverwirklichung. Bei einem sog. Drang zur Selbstverwirklichung sind es insbesondere die Träume, die als wichtige Impulsgeber für Entwicklung angesehen werden. Die Träume transportieren Botschaften aus der Tiefe der Seele an das bewusste Ich des Träumers und regen ihn dazu an, die Impulse auch im Wachleben wirksam werden zu lassen. Über unsere Traumerinnerung und die Verstehensarbeit mit den Träumen können wir schließlich erfahren, welche Impulse aus dem schöpferischen Unbewussten in unser Leben gelenkt werden sollen. Jedenfalls kann die Beschäftigung mit unseren Träumen eine große Erkenntnisquelle sein und den Lebensprozess von immerwährender Wandlung unterstützen.

Viele Menschen, die oft ergreifende Traumerfahrungen machen, sind dankbar für die Anregung, Träume ernst zu nehmen und sie in einem Traumdialog zum Erlebnis werden zu lassen. Potenziell, so glaube ich, kann jeder von uns aus seinen Träumen heraus wichtige und besondere Erfahrungen machen. Wir brauchen dafür allerdings Offenheit.

C. G. Jung selbst hat sich in intensiver Selbsterfahrung mit seinen Träumen und Imaginationen beschäftigt und sie in einem Roten Buch aufgeschrieben, bearbeitet und malerisch gestaltet. Es ist eindrücklich zu sehen, wie sehr er seine vielen Ideen und die daraus entstandenen Konzepte aus seinen Träumen und seinen unbewussten Bildern geschöpft hat.

Kunst des Traumverstehens

Träume lassen sich niemals vollständig und erst recht nicht mit einer simplen Gebrauchsanweisung verstehen. Der Umgang mit Träumen ist eine Kunst, in der Wissen, Intuition und Einfühlung eine große Rolle spielen. Hier kann jeder seinen persönlichen Zugang finden. C. G. Jung sagt dazu:

Die eigentliche Interpretation des Traumes ist in der Regel eine anspruchsvolle Aufgabe. Sie setzt psychologische Einfühlung, Kombinationsfähigkeit, Intuition, Welt- und Menschenerkenntnis und – vor allem ein spezifisches Wissen voraus, bei dem es ebenso sehr auf ausgebreitete Kenntnisse wie auf eine gewisse Intelligenz du coeur (d.h. Weisheit des Herzens) ankommt.
Jung, GW 8, § 543

Literatur
Jung, C. G. (1995): Ges. Werke 8. Olten: Walter.
Schnocks, Dieter (2007): Was unsere Träume sagen wollen. Herder Verlag.
Spitzer, Manfred (2002): Lernen: Gehirnforschung und die Schule des Lebens. Heidelberg, Berlin: Spektrum.

Schnocks, Dieter
Was unsere Träume sagen wollen
Botschaften aus dem Raum der Seele
Format: 12.0 x 19.0 cm, ca. 160 Seiten, Kartoniert
HERDER spektrum
€[D] ca. 8.90 / **sFR ca. 16.70**

ISBN-13: 978-3-45105889-9

€ 8,95

Dieter Schnocks
iDipl.-Psychologe und Psychologischer Psychotherapeut in eigener Praxis, Dozent und Lehranalytiker und Autor. 1. Vorsitzender des C. G. Jung-Instituts Stuttgart und führend tätig bei den deutschsprachigen C. G. Jung-Gesellschaften.

traum

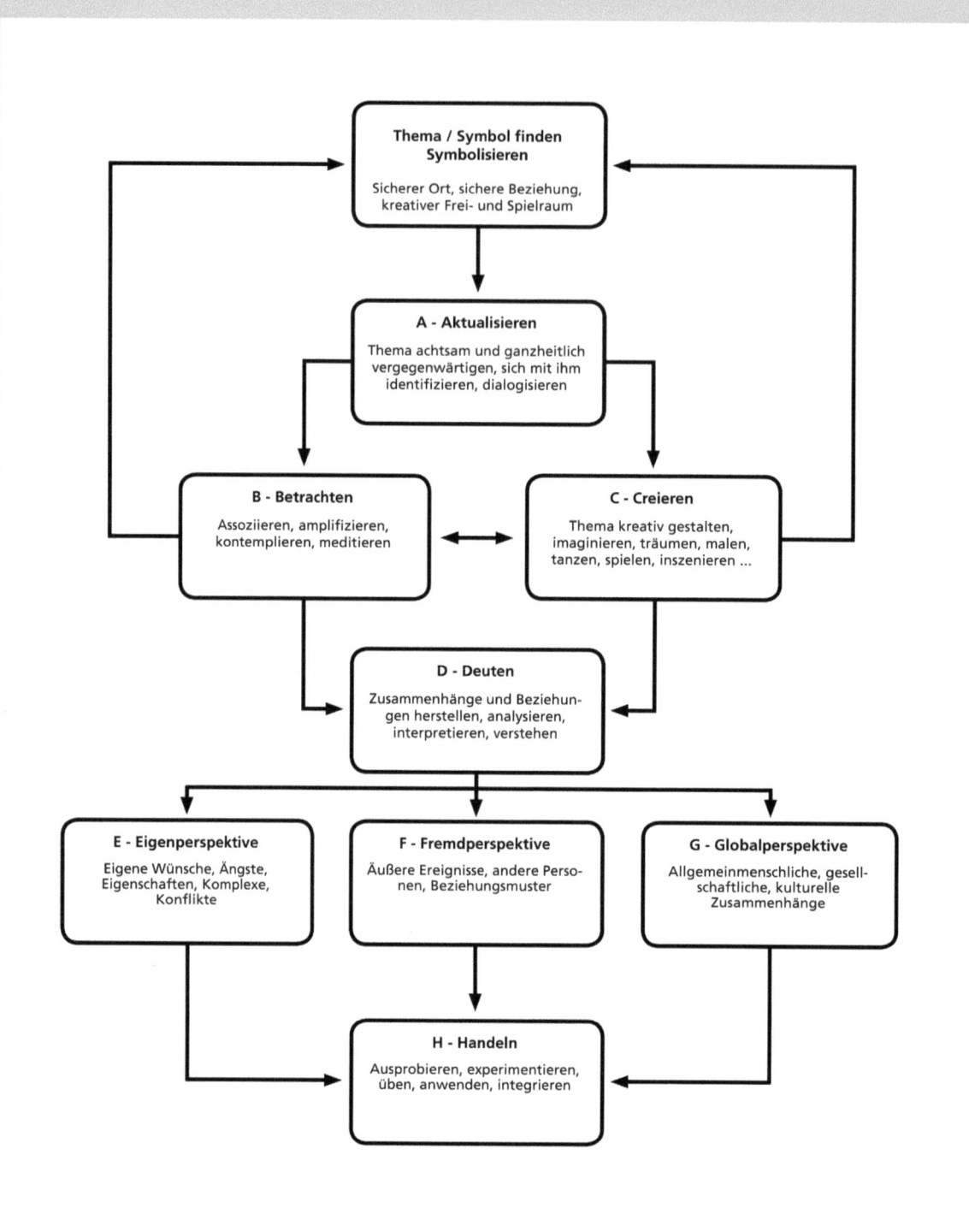

Das A-bis-H-Schema stellt Methoden zusammen, die in der Analytischen Psychologie zur therapeutischen Arbeit mit Symbolen aber auch mit psychisch bedeutsamen Themen genutzt werden können. (Abb. aus Müller, A., Müller L.: Praxis der Analytischen Psychologie, Kohlhammer 2018, © Verlag opus magnum)

Die Traumgruppe

Gert Sauer

Foto: LeStudio (www.shutterstock.com)

Im Folgenden beschreibe ich die Erfahrung mit einer Gruppe, die seit mehr als 38 Jahren mit einem festen Kern, – aber auch Mitgliedern, die ausgeschieden sind und solchen, die neu hinzugekommen sind –, versucht, die Botschaft ihrer Träume zu verstehen und im Alltag umzusetzen. Die Gruppe entstand, weil einige meiner Patienten die Arbeit mit den Träumen und die Botschaften des Unbewussten so faszinierend fanden, dass sie im „Training" bleiben wollten. Andere hörten davon und wollten daran teilhaben. Die Gruppe hat also unterdessen in mehr als 700 Sitzungen einmal monatlich pro Abend mindestens zwei, wenn nicht drei Träume bearbeitet.

Gearbeitet wird aufgrund der Erfahrungen, die die von C. G. Jung begründete Analytische Psychologie als Zweig der Psychoanalyse ge-

sammelt hat. In der Arbeit der Traumgruppe wirkt sich dabei besonders förderlich aus, dass die Analytische Psychoanalyse sowohl Analyse als auch Synthese in ihrer Methodik benützt und voraussetzt. Ich beschreibe also sowohl die Methodik als auch die Haltung, die das Menschenbild der Analytischen Psychologie voraussetzt.

Zur Arbeit in der Gruppe

Seit ältester Zeit versammelten sich Menschen-Gruppen zum Beispiel morgens, um sich ihre Träume zu erzählen und zu versuchen, sie zu verstehen. Auch bei wichtigen kollektiven Entscheidungen wurde auf die Botschaft des Unbewussten geachtet. Dieses Bewusstsein, dass es neben der bewusst wahrgenommenen und interpretierten Welt eine Potenz gibt jenseits des Bewusstseins, ging zum Schaden der Menschlichkeit, aber zur Optimierung des bewussten wissenschaftlichen Fortschrittes weitgehend verloren.

Heute sind wir an einem Punkt, an dem die Wiedervereinigung mit dem Bereich der „dunklen Energie und ihrer Materie" dringend erforderlich ist, da das wissenschaftliche Bewusstsein hypertrophiert und das Leben mit dem Wert der Menschlichkeit zu zerstören droht, weil sich technisierte Vernunft an seine Stelle setzen und sich verabsolutieren möchte.

Zur Methodik

Selbstverständlich setzt die Arbeit in der Gruppe ein bestimmtes Vorgehen und ein bestimmtes Verhalten der Gruppenmitglieder voraus. Dazu gehören:

- Das Bewusstsein, dass die Träume ihren Platz haben im Selbstheilungs- und Selbstwerdungsprozess der Träumerin oder des Träumers. Sie sind Botschaften des Selbst. Folglich stellen sich die Gruppenteilnehmer und Teilnehmer in den Dienst des Selbst. Aber nicht nur in den Dienst des Prozesses des Einzelnen, sondern auch im Bewusstsein, dass das Selbst ebenso Selbstwerdungs- und Selbstheilungsprozesse der Gruppe bewirken will. Dieses spricht sich im Erscheinen der gleichen Themen in den Träumen des Abends aus – meist völlig überraschend –, was wiederum auch ein Hinweis auf die konstellierten Archetypen in der Gesamtgesellschaft sein kann.
- Der Respekt vor der Integrität der Personen, die ihren Traum einbringen. Entsteht in der Gruppe eine Tendenz, die Träumer von ihrer Meinung abzubringen, ist dieses als Gruppenwiderstand zu deuten und offenzulegen. Damit verbunden ist die absolute Diskretion und die Schweigepflicht.
- Die Bereitschaft, die Gruppenregeln einzuhalten. Andernfalls liegt bereits ein Hinweis vor, dass die Komplex- und Dynamikstruktur dazu tendiert, Grenzen zu überschreiten.

- Die Offenheit, eigene Assoziationen zuzulassen und offen auszusprechen – weil das Selbst in diesem Fall die Psyche der Assoziierenden und ihr Bewusstsein benützt, um zum größeren Verständnis eines Traumes beizutragen. Assoziationen und in der späteren Phase Informationsfragen, die verdeckt bereits rationale Überlegungen der Fragenden beinhalten, werden in dieser Phase als Widerstand gerechnet. Es wird also die Frage zu berücksichtigen sein, warum sich das Bewusstsein von der Gruppe und von den Einzelnen zu schwach fühlt, die Dynamik des konstellierten Komplexes zu ertragen.
- Das Interesse, mehr über sich und den Kosmos zu erfahren; zu lernen und vor Bedrängendem oder Überraschendem wenig zu erschrecken.

Zur Haltung des Gruppenleiters

Voraussetzung ist, dass der Leiter oder die Leiterin der Gruppe alle Regeln für sich auch akzeptiert, die für die Gruppe gelten.

Wer eine Traumgruppe leitet, muss wissen, dass er im Dienst des Selbst steht mit seiner eigenen Individuation, um die Selbstwerdungs- und Selbstheilungstendenzen der Gruppenmitglieder zu unterstützen. Mit seiner Erfahrung, aber in der Haltung, dass er jeden Tag und in jeder Sekunde eigentlich nichts weiß und zu lernen bereit zu sein hat. Er ist bestenfalls Geburtshelfer und weder die Gebärende noch das Kind, er ist Teil des Werkes des Selbst.

Dieses letztere Wissen ist entscheidend: Auch die Gruppenmitglieder kamen nicht wegen seiner „schönen Augen", sondern weil das Selbst ihn als Teil eines Prozesses benützt. Dieses ist seine Ehre.

Der Gruppenleiter oder die Gruppenleiterin schützt den Prozess des Selbst vor seinem eigenen Schatten, vor den Schatten der Gruppenmitglieder und weiß um den Gruppenschatten im Verlauf des Prozesses immer mehr. Er betrachtet deshalb den Gruppenprozess als ein Ganzes, indem er und seine psychischen Reaktionen wichtig sind für den Gruppenpro-

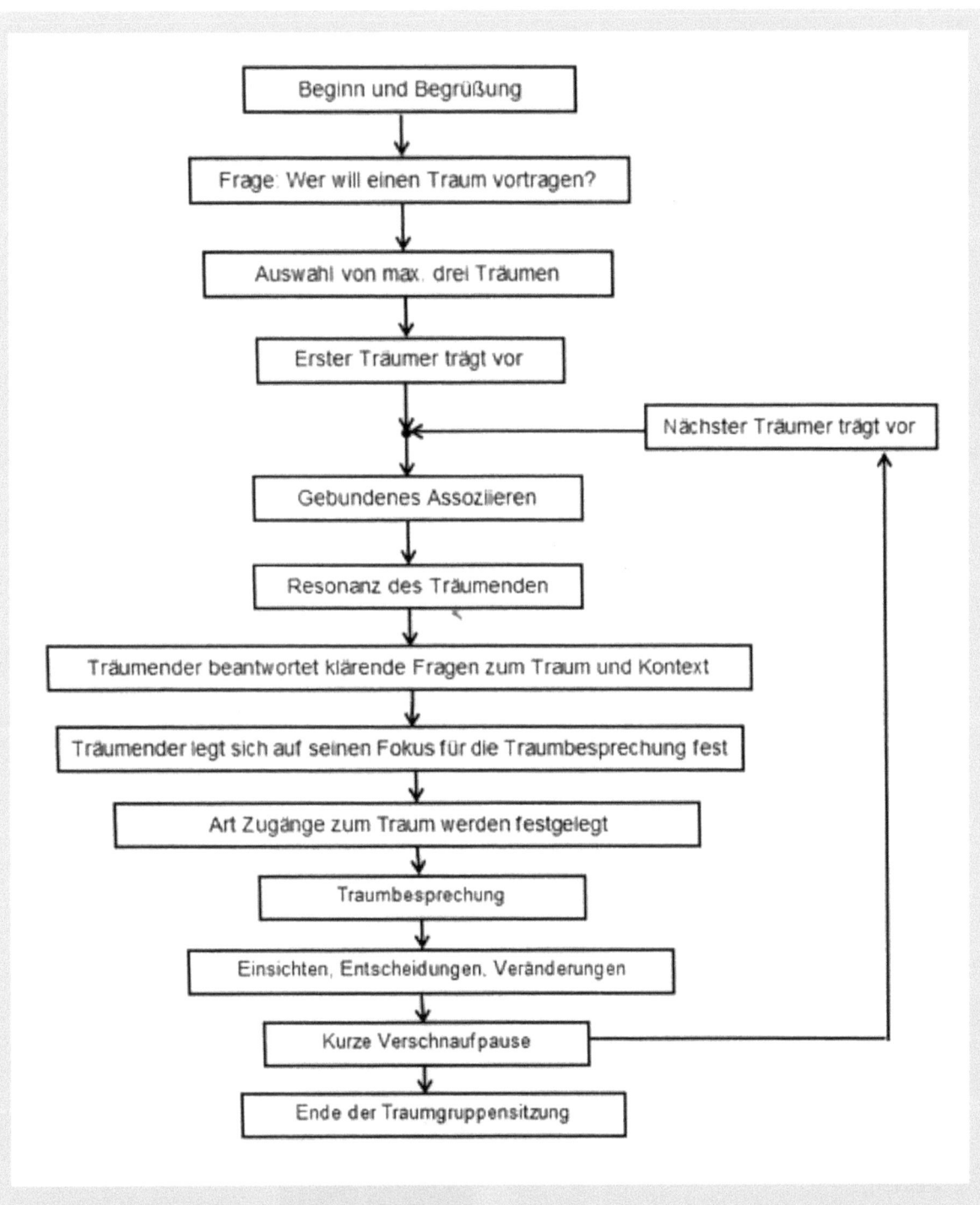

zess. Er weiß, dass er in der Gruppe arbeitet und die Gruppe an ihm.

Körper und Seele sind ein Ganzes – ein integrales System

Die vorgestellte Arbeit geht davon aus, dass Körper und Seele zwei Seiten der gleichen Wirklichkeit sind – nur mit unterschiedlichen Schwingungsmustern. Das bedeutet für die Arbeit in der Traumgruppe, dass alle körperlichen Reaktionen mit einbezogen werden. Je nach Kultur wird dabei die Offenheit eingeschränkt oder behindert, was schade ist. Aber es ist schon als Fortschritt zu werten, wenn

Bauchgrummeln einbezogen werden kann in den Prozess. In jedem Fall ist davon auszugehen, dass Körper und Seele sich verhalten wie Geige und Geigenbogen – wechselseitig.

Selbstverständlich löst der Traum als Symbol mit Bild-, Gefühl- und dynamischen Elementen in der Gruppe immer auch atmosphärische Reaktionen aus, die wesentliche Beiträge zum Verständnis eines Traumes bringen können.

Da die beiden letztgenannten Punkte für manche Kulturen unbewusst sind, sollte der Leiter oder die Leiterin am Ende der bildlich-verbalen Assoziationsphase darauf hinweisen, und sie erfragen.

Ablauf einer Traumsitzung

Für den Ablauf einer Traumsitzung mit ca. zweistündiger Dauer hat sich folgende Vorgehensweise in der Freiburger Traumgruppe bestens bewährt (siehe dazu Abbildung 1).

- Begrüßung der Teilnehmer und Mitteilung, wer verhindert ist.
- Abfrage, wer heute einen Traum einbringen will.
- Auswahl der Träume und der Reihenfolge des Vortrages für die Besprechung in der aktuellen Sitzung.
- Ungestörtes Vortragen eines Traumes durch den ersten Träumenden.
- Assoziieren durch die anderen Teilnehmer und den Moderator.
- Der erste Träumende teilt mit, welche Resonanzen die Assoziationen bei ihr, bei ihm hervorgerufen haben.
- Die Gruppe hat nun die Möglichkeit, klärende Fragen zum Ablauf des Traumes zu stellen, die vom Träumenden beantwortet werden.
- Der erste Träumende legt sich fest, auf welchen Fokus und welche Krise sich die folgende Traumbesprechung möglichst konzentrieren soll.
- Nun erfolgt die Traumbesprechung mittels Traumzugängen.
- Abschließend zum Traum des erste Träumenden erfolgt nun die Besprechung mög-

licher Einsichten, Entscheidungen und Veränderungsmöglichkeiten.
- Pause
- Nun beginnt die Traumaufnahme des zweiten Träumenden in derselben Art und Weise:
- Ungestörtes Vortragen eines Traumes durch den zweiten Träumenden etc.

Schlussbetrachtung

Traumgruppen können ein Beitrag sein zur Heilung der unheimlichen, krankmachenden und gesellschaftlich gefährlichen Abspaltung des Bewusstseins von der Wirklichkeit. Sie können aus einer immer künstlicher werdenden Intelligenz wieder einen Verstand werden lassen, der um sich und seine Grenzen weiß.

Aus der im Anfang von mir beschriebenen und geleiteten Gruppe heraus hatte ein Mitglied, Herr Prof. Elmar Bollin, aufgrund seiner Faszination über die Traumarbeit in der Gruppe die Idee, zusammen mit mir ein kleines Buch herauszugeben, um Anderen an ihren Träumen Interessierten eine Art Anleitung an die Hand zu geben. Es ist für die Traumbearbeitung in Gruppen gedacht, aber in der Erklärung der verschiedenen Zugänge zur Traum-Entschlüsselung auch für Eigenarbeit geeignet.

Literatur:
Bollin, E./ Sauer, G. (2017): Die Traumgruppe. Anleitung zur Traumbearbeitung in Gruppen. Lübeck: BuchHandelsGesellschaft.

Gert Sauer
Analytischer Psychotherapeut in freier Praxis, Dozent sowie Lehr- und Kontrollanalytiker am C. G. Jung-Institut Stuttgart, Mitbegründer der Freiburger Jung-Gesellschaft Seit vielen Jahren im Vorstand der Psychologischen Gesellschaft in Basel. Mitarbeit im Auftrag der Internationalen Gesellschaft für AP als „liason person" in Sibirien. Ehrenmitglied der Litauischen und Polnischen Jung-Gesellschaften. Zahlreiche Veröffentlichungen.

Traumforschung: Neue Entwicklungen

Sylvia Kipp

Nicht nur im REM-Schlaf träumen wir

Träume haben die Menschen seit altersher fasziniert. Der Neurobiologie und der empirischen Traumforschung verdanken wir viele spannende Erkenntnisse.

Der Mensch verbringt ein Drittel seines Lebens mit Schlafen. Träume werden in der heutigen empirischen Traumforschung als „psychische Aktivität während des Schlafens" definiert (Roesler, 2010). Jede Nacht träumen wir, aber ob wir uns an unsere Träume erinnern, hängt von vielen Faktoren ab. Menschen, die oft in der Nacht aufwachen, ein gutes bildhaftes Gedächtnis haben, kreativ und fantasievoll sind, haben es leichter, sich an Trauminhalte zu erinnern. Das Träumen selbst kann aus subjektiver Sicht nicht erforscht werden, nur die erinnerten Trauminhalte.

Am Anfang der experimentellen Traumforschung, Mitte der Fünfzigerjahre, dachten die Forscher, dass nur während der REM-Schlafphasen, in denen die Augen schnelle, ruckartige und beidseits symmetrische Bewegungen vollführen (rapid eye movement), geträumt wird. Mittlerweile wissen wir, dass auch während der Tiefschlafphasen traumtypische Gehirnaktivitäten auftreten, die allerdings weniger bildhaft und mehr durch Gedanken geprägt sind als Träume im REM-Schlaf (Foulkes, 1982). Wenn Probanden während einer REM-Phase aufgeweckt werden, berichten sie oft detailliert und bildhaft von ihren Traumerlebnissen.

Die Frage, wann in der Individualentwicklung der Mensch zu träumen beginnt, ist bisher ungeklärt. Bereits bei Föten können ab der 32. Schwangerschaftswoche Augenbewegungen, Herzaktivitäten und Bewegungsmuster festgestellt werden, die sich auch bei träumenden Kindern und Erwachsenen finden. Neugeborene verbringen noch acht Stunden im REM-Schlaf, Einjährige vier Stunden und Erwachsene zwei Stunden.

Trauminhalte

Nicht nur die Traumdauer, sondern auch die Trauminhalte verändern sich während des Lebens. Calvin Hall (1966) entwickelte eine eigene Methode, um Träume zu analysieren und zu vergleichen. In mehreren Langzeitstudien wurden Traumserien über mehrere Jahre hinweg analysiert.

Er fand z. B., dass Frauen sich in ihren Träumen passiver verhalten als Männer, diese dagegen sind im Träumen aktiver und betätigen sich häufiger sportlich. Aggressionen werden in Männerträumen gegenüber anderen Männern ausgelebt, während sich bei Frauen die Aggressionen eher zwischen Männern und Frauen abspielen. Tiere spielen in Kinderträumen eine viel größere Rolle als bei Erwachsenen. Bis zum vierten Lebensjahr träumen sie in 51% der Fälle von Tieren, danach tauchen Tiere in Träumen kontinuierlich seltener auf. Bei Erwachsenen finden sich nur mehr in 7,5 % aller Träume Tiere.

Durch seine Studien konnte Hall wissenschaftlich fundiert zeigen, dass wir nicht zufällig träumen, sondern die Inhalte unserer Träume eng mit unserer Persönlichkeit und unserem Erleben im Wachzustand zusammenhängen. Außerdem zeigte sich, dass bestimmte Traumthemen eine Person über lange Zeiträume begleiten können. Diese entwick-

Foto: Sjstudio6 (www.shutterstock.com)

lungspsychologischen Aspekte des Träumens liefern uns wichtige Hinweise dafür, dass Träume mit den individuellen Themen des Träumers in engem Zusammenhang stehen.

Träume und neuronale Plastizität

Hobson und Friston (2014) haben versucht, die Funktion von Träumen neurobiologisch zu erklären. Sie ließen sich dabei von einem Pionier der künstlichen Intelligenzforschung inspirieren – Geoffrey Hinton. Hinton hat einen Algorithmus beschrieben, der für das Lernen im Rahmen künstlicher Intelligenz eine große Rolle spielt. Im künstlichen neuronalen Netz werden alle unnötigen Verbindungen gelöscht. Dies hilft Ressourcen zu sparen und optimiert den Lernprozess. Hobson und Fristen (2014) haben dies auf die Funktion von Träumen übertragen. Sie vermuten, dass während der REM-Phasen, in denen wir träumen, ähnliche Prozesse im Gehirn stattfinden.

Während der REM-Phasen, so ihre Annahme, werden einerseits unnötige synaptische Verbindungen zwischen Neuronen gelöscht und andererseits andere synaptische Verbindungen verstärkt. Unterstützt wird diese These durch eine Studie von Wie Li (2017) und Mitarbeiter, die nachweisen konnten, dass

sich bei Mäusen während des Träumens neue Synapsen wieder zurückbilden und andere verstärken. Sie kamen zu dem Schluss, dass der „REM-Schlaf vielfältige Funktionen bei der Gehirnentwicklung, beim Lernen und der Gedächtniskonsolidierung hat."

Während des REM-Schlafs werden vorrangig motorische und automatisierte Abläufe wie Tanzen verankert. Im Tiefschlaf hingegen wird das verbal reproduzierbare (deklarative) Wissen gefestigt. Der Neurologe Pierre Maquet von der Universität Lüttich beschäftigte sich mit dieser Thematik und ließ Probanden im Positronen-Emissions-Tomographen (PET) schlafen, wobei über den neuronalen Stoffwechsel die Aktivität verschiedener Hirnregionen sichtbar wird. Im REM-Schlaf sind besonders die Areale aktiv, die auch im jüngst zurückliegenden Wachzustand auf Hochtouren gearbeitet haben. Dies stützt die Annahme, dass in Träumen Gelerntes verankert wird.

Warum aber erinnert man sich dann in Träumen oft an Verbotenes oder man erlebt Stürze aus Häusern oder Flugzeugen oder man steht nackt vor anderen? Eine repräsentative Umfrage des Instituts Allensbach ergab, dass 81% der Befragten von Arbeit, Beruf, Reisen und Geld träumen, aber auch Themen wie Sturz, Fallen, Fliegen, Tod, Angriff, Verfolgung, Flucht und Krieg kamen häufig in Träumen vor.

Schredl (1999, 2006) spricht in diesem Zusammenhang von einer Kontinuitätshypothese: Wichtige Ereignisse im Wachleben, die für die Betroffenen mit intensivem Stress verbunden sind, tauchen häufig als Trauminhalte auf (z. B. Trennungen, schwere Erkrankungen). Die Kontinuitätshypothese besagt, dass der Mensch von dem träumt, was ihn beschäftigt – je gefühlsbetonter die Erfahrungen sind, desto wahrscheinlicher tauchen sie im REM-Schlaf auf (Merkel, 2006).

Träume sind psychologisch bedeutsam

Der Traum ist eine spontane Selbstdarstellung der aktuellen Lage des Unterbewusstseins in symbolischer Ausdrucksform.
Jung, GW 8, § 505

Empirische Traumforscher wie Foulkes (1982) konnten nachweisen, dass Trauminhalte Ereignisse des Wachlebens widerspiegeln und Trauminhalte auch unsere Stimmung am nächsten Tag nachweisbar beeinflussen. Albträume können Ängstlichkeit verstärken, unser Selbstwertgefühl vermindern, aber auch dazu führen, dass wir uns neue Lösungsstrategien überlegen (Picchioni und Dieks, 2009).

Zehn Prozent der Menschen leiden einmal im Monat unter Albträumen, Frauen öfters als Männer (Schredl, 1999, S. 117). Aus Albträumen erwachen wir angsterfüllt und oft wird das Aufwachen von Panikgefühlen begleitet und man ist desorientiert. Albträume (nigthmares) sind häufig Wiederholungsträume, in denen wir uns mit intensiven Ängsten auseinandersetzen. Eine zweite Kategorie von Albträumen tritt bei posttraumatischen Belastungsstörungen auf (nightterrors). Hierbei werden Teile von Traumainhalten reaktiviert.

Diese Ergebnisse stützen Jungs These, dass Träume psychologisch bedeutsam sind und die therapeutische Traumarbeit Menschen helfen kann, die dahinterliegenden psychologischen Themen besser zu verstehen.

Träume unterstützen unsere persönliche Entwicklung

Da das Bewusstsein allen möglichen äußeren Anziehungen und Ablenkungen ausgesetzt ist, lässt es sich leicht dazu verleiten, Wege zu gehen, die seiner Individualität fremd und nicht gemäß sind. Die allgemeine Funktion der Träume ist, solche Störungen des geistigen Gleichgewichts auszugleichen, indem sie Inhalte komplementärer und kompensatorischer Art hervorbringen.
Jung, 2001, S. 162 f.

Für C. G. Jung fördern Träume die Selbstregulation der Psyche. Studien konnten zeigen, dass Traumata in Träumen verarbeitet werden und Träumen traumatisierten Personen hilft, die Ereignisse zu verarbeiten (Hartmann, 1998). Ehefrauen, die bei einer Scheidung öfters von ihrem Ex-Mann träumen, bewältigen die Scheidungsfolgen besser (Cartwright, 1996). LeBerge (1984) konnte in einer Studie umgekehrt nachweisen, dass sich Albträume, aber auch andere Träume durch Imaginationen verändern lassen, was therapeutisch hoch relevant sein könnte.

Hartmann (1996) vertritt die Theorie, dass wir während des Träumens anders denken als im Wachzustand. Dadurch, dass wir keine Außeneindrücke verarbeiten müssen, kann sich das Gehirn auf seine inneren Prozesse fokussieren. Das Denken ist während des Traumprozesses assoziativer und rekrutiert mehr Hirnregionen als im Wachzustand. Ungewöhnliche, kreative Ideen werden nicht sofort rational beurteilt und auf ihre Machbarkeit überprüft. Ideen können sich weiterentwickeln und entfalten. Spitzer et al (1993) konnten experimentell beweisen, dass im REM-Schlaf tatsächlich mehr Assoziationen hergestellt werden als im Wachzustand. Das hilft uns zu neuen, kreativen Lösungen zu kommen.

Die Traumforscherin Deirdre Barrett (2001) hat Beispiele dafür gesammelt, dass Künstler und Wissenschaftler ihre Träume systematisch nutzen, um wissenschaftliche oder künstlerische Fragestellungen weiter zu entwickeln. Oft konnten Forscher auf diese Weise auch Ar-

traum

Foto: Sergey Nivens (www.shutterstock.com)

beitsblockaden lösen. Zahlreiche empirische Untersuchungen stützen somit Jungs These der kreativen Problemlösung durch Träume. Harvard-Forscher haben dies zur Methode entwickelt. In Kursen üben Studenten oder Ingenieure, neue technische Lösungen zu finden, in denen das kreative Potenzial von Träumen genutzt wird. Ergebnis eines solches Kurses war es zum Beispiel, dass ein Ingenieur ein neues Enzym fand, das Ölprodukte schneller abbauen hilft (Deirdre Barrett, 2001).

James Turrel, geboren 1943, einer der größten Lichtkünstler der Gegenwart, zeigt seine aktuelle Ausstellung im Burda-Museum in Baden-Baden. Er illustriert eindrucksvoll die Auswirkungen von Licht auf den Menschen, insbesondere auf seine Emotionen. Manchmal fühlt man sich dabei sogar wie in einem Traum, denn Turrel erzeugt keineswegs Licht, wie man es mit geöffneten Augen sieht, sondern Farben, die wir aus Träumen kennen. „Der Raum des Traums interessiert mich, seine Regeln sind anders. Ich will das zeigen", erklärt Turrell in einem Interview in „Die ZEIT".

Doch woher erkennt man denn die Farbe des Traums?

Man kennt sie aus sogenannten Klarträumen. Die meisten Farben entstehen erst in unserem Kopf. Wir Menschen denken, wir würden diese Erfahrung von außen empfangen, aber wir schaffen sie in unserem Gehirn.
Timm, 2018

Träume ermöglichen uns Zugang zum persönlichen und kollektiven Unbewussten

Das Unbewusste ist gewissermaßen der Mutterboden, aus dem Bewusstsein wächst.
Jung 17, § 102

Träume sind nicht willkürlich oder beliebig, sondern spiegeln wichtige Aspekte unserer Persönlichkeit wider. Die Beschäftigung mit Trauminhalten fördert die Introspektionsfähigkeit und hilft uns, die Gedanken, Gefühle und Sinneseindrücke, die auf uns einströmen, zu ordnen und zu verarbeiten. Das assoziative Denken fördert die Kreativität und die Beschäftigung mit unserer spielerischen Seite. Traumsymbole tauchen aus dem Unbewussten auf und verweisen neben dem aktuellen Geschehen oft auch auf Entwicklungsthemen oder Entwicklungsmöglichkeiten in uns.

Jungs Ansatz der Amplifikation, bei dem Traumgeschehen und Traumsymbole „angereichert" werden, hilft, den Trauminhalt um die kollektive Dimension zu erweitern. Die Trauminhalte werden in Bezug gesetzt zu kulturellen oder gesellschaftlichen Phänomenen. Es wird nach der Bedeutung der Symbole oder des Geschehens in Kunst, Kultur und Religion geschaut. Dieser Ansatz verstärkt den assoziativen Charakter des Traumdenkens, ist aber gleichberechtigt mit der individuellen Sicht auf die Symbolik und das Geschehen zu sehen. Gemeinsam mit dem Träumer wird nach der für ihn sinnvollsten und hilfreichsten Interpretation gesucht. Dieses Erleben einer reichen Innenwelt hilft uns, mit uns selbst in Verbindung zu treten. Durch das Erleben der kollektiven, allgemeingültigen Dimension der Symbole weitet sich unser Bewusstsein. Das logische Denken wird ergänzt.

Können Träume in Videos dargestellt werden?

Bereits vor einigen Jahren ist es japanischen Forschern gelungen durch die Analyse von Aufnahmen aus der funktionellen Magnetresonanztomographie (fMRT) herauszufinden, was Versuchspersonen gerade visuell wahrnehmen. Beim fMRT werden die Hirnareale, die aktiviert sind und dadurch mit mehr Blutsauerstoff versorgt werden, mit hoher räumlicher Auflösung dargestellt.

Bei einfachen Formen und Zahlen funktioniert das Verfahren bereits sehr gut. Jetzt arbeitet die Forschungsgruppe von Yukiyasu Kamitani daran, Videos zu Träumen herzustellen (Kamitani, 2014).

2013 konnte er zeigen, dass teilweise Inhalte von Träumen mithilfe eines Algorithmus decodiert werden können. Die Hirnaktivitäten der Studienteilnehmer werden mittels fMRT während des Schlafens gemessen. Wiederholt werden die Versuchspersonen aufgeweckt und nach ihren Trauminhalten befragt. Auf diese Art und Weise lernen die Algorithmen, bestimmte Hirnaktivitäten zu bestimmten Trauminhalten zuzuordnen. Bisher können

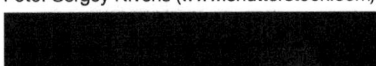

traum

Foto: Sergey Nivens (www.shutterstock.com)

die Forscher zum Beispiel sagen, ob der Träumer einen Hund oder eine Katze sieht. Auch eine Verfolgung kann decodiert werden, ob jedoch der Hund die Katze oder umgekehrt verfolgt, ist noch nicht erkennbar.

Kamitani arbeitet eng mit Neurochirurgen zusammen und erhofft sich für die Zukunft und die Entwicklung weiterer, genauerer Messmethoden.

Träume in der Cloud

Der Amerikaner Hunter Lee Soik hat die Traum-App „Shadow" entwickelt, die als sanfter Wecker funktioniert. Wenn man möchte, kann man sich mehrmals in der Nacht aufwecken lassen. Da der Wecker langsam lauter wird, wird man sanft aus dem Schlaf geweckt. Dieses sanfte Aufwachen unterstützt das Traumerinnern. Direkt nach dem Aufwachen kann man mit dem Aufzeichnen der Träume beginnen. Es besteht die Möglichkeit, die Träume in ein Diktafon zu sprechen, von wo sie dann automatisch mithilfe einer Spracherkennungssoftware transkribiert werden. Alternativ kann man Träume auch schriftlich festhalten.

Die App durchsucht die Texte automatisch nach Symbolen, die dann markiert werden. Der Träumer kann sich auf diese Weise alle Träume anzeigen lassen, in denen z. B. bestimmte Symbole oder Angstinhalte vorkommen. Diese Funktion der App ermöglicht es, ein digitales Tagebuch zu führen und erleichtert die Auswertung der Trauminhalte nach unterschiedlichen Kriterien.

Soiks eigentliches Ziel ist es, die weltweite größte Traumdatenbank zu schaffen. Jeder Nutzer von Shadow kann frei darüber entscheiden, ob er anonymisiert seine Traumdokumentation hochladen will. Ziel ist es, weltweit eine Million Träume zu sammeln.

Soik kooperiert mit vielen bedeutenden Wissenschaftlern, die sich mit Träumen beschäftigen, z. B. Deirdre Barrett (Harvard) und Scott Sparrow (Texas). Er selbst nennt als ein Ziel, die Theorie C. G. Jungs zum kollektiven Unbewussten und der Archetypen mithilfe dieser Datenbank zu verifizieren oder zu falsifizieren. In einem Interview mit Dimitri Krenz schildert Soik seine Vision:

Wir sprechen hier also über die Quantifizierung von Träumen. Stell Dir doch einmal vor, was das eigentlich bedeutet, wenn man die gesamten Träume einer Nutzer-Community in einer riesigen Datenbank zusammenfasst. Das wäre eine unglaubliche Ressource für Forscher, die damit herausfinden können, wie unser Unterbewusstsein funktioniert.
Krenz, 2014, S. 4

Zu dieser Datenquelle sollen Wissenschaftler weltweit Zugang erhalten.

Für uns ist Shadow eine Möglichkeit, die Menschen auf andere Weise miteinander in Kontakt treten zu lassen. Die Idee ist, dass Menschen auf der Basis ihrer Träume anfangen, miteinander zu kommunizieren. Sie reden dann über Dinge, die sie in ihrem Unterbewusstsein miteinander verbinden. Sagen wir, letzte Nacht hast du von einem Papagei geträumt, wir können dir alle anderen Menschen zeigen, die von einem Papagei geträumt haben. Dann könnt ihr darüber ins Gespräch kommen, was diese Träume eigentlich bedeuten, und zwar ohne dabei das Ego in den Mittelpunkt zu stellen. Schließlich bleiben die Identitäten anonym.
Krenz, 2014, S. 3 f

Soik möchte eine Brücke schaffen, die Traum und Wirklichkeit miteinander verbindet. Auf einer globalen Ebene konnte ein Algorithmus erstellt werden, der dem aktuellen Weltgeschehen angepasst ist. Dadurch hofft er herauszufinden, ob es Menschen gibt, die mit ihren Träumen die Zukunft vorhersagen können, da durch die Traumdatenbank solche Behauptungen überprüfbar wären. Seine Traum-App soll es Menschen ermöglichen, viel bewusster mit ihren Träumen umzugehen und ein tieferes Verständnis für sich selbst zu entwickeln.

Ausblick

In unserer technisierten, schnelllebigen Welt, die uns mit Sinneseindrücken flutet, helfen uns unsere Träume, Wichtiges von Unwichtigem zu unterscheiden, den Blick nach innen zu wenden und über die Welt der Symbole Zugang zum persönlichen und kollektiven Unbewussten zu finden.

Dies ermöglicht uns, uns zu zentrieren, und hilft uns, unseren inneren Lebensweg zu finden und diesem zu folgen. Jeder kann lernen, sich an seine Träume zu erinnern und mit den Trauminhalten zu arbeiten. Ein Traumtagebuch, das direkt neben dem Bett liegen sollte, hilft uns, Entwicklungen zu erkennen und zusätzliche Erkenntnisse zu gewinnen. Aus der Psychotherapieforschung wissen wir, dass Therapien, in denen viel mit Träumen gearbeitet wird, erfolgreicher sind als Therapien ohne Traumarbeit (Roesler, 2010, S. 109 f.).

Mein Dank gilt Christian Roesler, der sich in seinem Buch „Analytische Psychologie heute" akribisch mit der aktuellen Traumforschung in Bezug auf Jungs Traumtheorie beschäftigt hat und dem ich wichtige Anregungen verdanke.

Literatur
Barrett, D. (2001): The Committee of Sleep. How Artists, Scientists, and Athletes Use Dreams for Creative Problem-Solving. New York: Crown.
Cartwright, R. D. (1996): Dreams and the adaptation to divorce. In: Barrett, D. (ed): Trauma and Dreams. Cambridge: Havard University Press. pp 179-185.
Foulkes, D. (1982): How ist the dream formed? In: Woods, R./ Greenhous, H. (eds): The New World of Dreams. New York, MacMillan. pp 303-313.
Gerhard, S./ Knab, B.: (2017, 26. November). Im Schlaf zur Erleuchtung. Abgerufen von https://www.zeit.de/wissen/gesundheit/2017-09/luzide-traeume-schlaf-klartraeume-traumforschung-erinnerung.
Hall, C. (1966): The Meaning of Dreams. New York: McGraw Hill.
Hartmann, E. (1998): Dreams and Nightmares. The New Theory on the Origin of Meaning of Dreams. New York, Plenum Trade.
Hartmann, E. (1996): Outline for a theory on the nature and functions of dreaming. Dreaming 1996; 6:147-170.
Jung, C. G.: Traum und Traumdeutung, Muenchen: dtv, 2001, S. 162 f.
Jung, C. G: (1971, 1976) GW 8: Die Dynamik des Unbewussten. Walter: Olten.
Hobson, J. A./ Friston, K. J., Charles, C.-H. H (2014): Virtual reality and consciousness inference in dreaming. Frontiers in psychology. 2014 October 09; 1133(5): 1-18. doi: 10.3389/fpsyg.2014.01133.
Kamitani, Y. (2014, 03. September): „Wir können Videos von Träumen erstellen". Abgerufen von https://futurezone.at/science/wir-koennen-videos-von-traeumen-erstellen/70.969.602.
Krenz, D. (2014, 06. Februar): Quantifizierte Träume. Abgerufen von https://motherboard.vice.com/de/article/gv5n84/QUANTIFIED-DREAMS.
LaBerge, S.: Hellwach im Traum: Höchste Bewusstheit im tiefen Schlaf. Junfermann 1987.
Merkel, W. (2006, 06. Oktober): Flüchtige Botschaften der Seele. Abgerufen von https://www.welt.de/print-welt/article222136/Fluechtige-Botschaften-der-Seele.html.
Picchioni, D./ Hicks, R. A.: Differences in the relationship between nigthmares and coping with stress for Asians and Caucasians: A brief report. Dreaming 2009; 43:325-343.
Roesler, C. (2010): Analytische Psychologie heute. Basel: Karger.
Schredl, M. (1999): Die nächtliche Traumwelt: eine Einführung in die psychologische Traumforschung. Stuttgart: Kohlhammer.
Schredl, M.: Experimentell-psychologische Traumforschung. In: Wiegand, MH., von Spreti, F., Förstl, H. (Hrsg): Schlaf und Traum. Neurobiologie, Psychologie, Therapie. Stuttgart: Schattauer, 2006, pp 37-74.
Spitzer, M. / Walder, S./ Clarenbach, P.: Aktivierte assoziative Netzwerke im REM-Schlaf: Semantische Bahnungseffekte nach dem Aufwecken aus verschiedenen Schlafstadien. In: Meier-Ewert, K./ Rühle, E. (Hrsg): Schlafmedizin. Stuttgart: Fischer, 1993, pp 168-178.
Timm. T.: (2018, 06. Juli): Licht ist wie eine Droge. Abgerufen von https://www.zeit.de/2018/28/james-turrell-licht-kuenstler-interview.
Wie, L./ Lei, M./ Guang, Y./ Wen-Biao, G.: REM sleep slecitvely prunes and maintains new synapses in development and learning. Nature Neuroscience, Volume 20, Nr. 3, March 2017, S. 427 f.

Sylvia Kipp
Dr. med., Allgemeinärztin, anthroposophische Medizin; Dozentin und Lehranalytikerin am C.´G. Jung Institut, Stuttgart; Dozentin im Bereich Gesundheitspsychologie an der FOM Hochschule, München; Gründungsmitglied von 3kreis, Institut für Gesundheit und Prävention.

traum

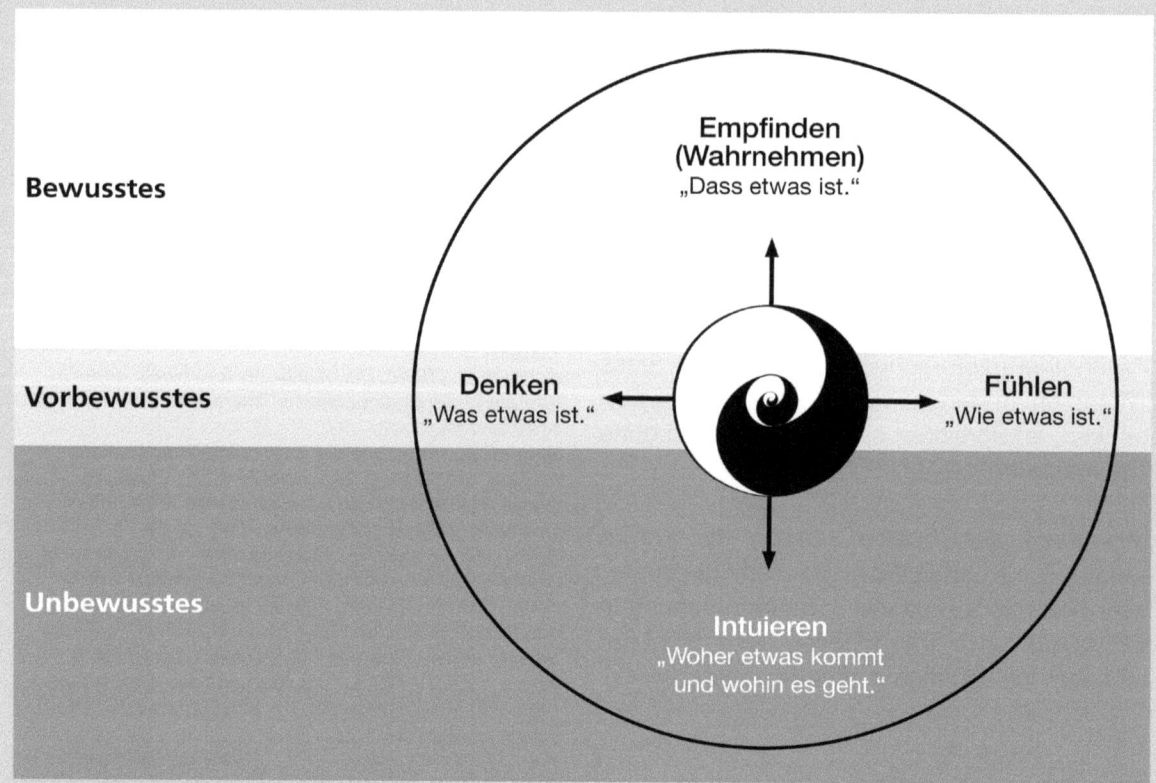

Bewusstes

**Empfinden
(Wahrnehmen)**
„Dass etwas ist."

Vorbewusstes

Denken
„Was etwas ist."

Fühlen
„Wie etwas ist."

Unbewusstes

Intuieren
„Woher etwas kommt
und wohin es geht."

Die vier Orientierungsfunktionen (© Verlag opus magnum)

Die vier psychischen Grundfunktionen oder Orientierungsfunktionen, die C. G. Jung beschrieben hat, dienen dazu, uns in der Außen- und Innenwelt zu orientieren und Sachverhalte so ganzheitlich wie möglich zu erfassen.

Die Yin-Yang-Spirale in der Mitte der Grafik soll andeuten, dass alle Funktionen in einem fortwährenden dynamischen Austausch- und Ergänzungsverhältnis zueinander stehen, ständig wechseln und je nach Situation und Persönlichkeitstypologie unterschiedlich gewichtet und genutzt werden können.

Die Grafik soll weiter darstellen, dass, wenn eine Funktion bewusst, geübt und differenziert ist, die entgegengesetzte Funktion möglicherweise unbewusst, ungeübt und undifferenziert sein kann. Am Beispiel der Grafik wäre die Wahrnehmungsfunktion gerade aktiv und möglicherweise auch die differenzierte Funktion, während die Intuition unbewusst und möglicherweise undifferenziert wäre.

So lassen sich psychische Schwierigkeiten und Konflikte, z.B. zwischen zwei Menschen, auf eine ungenügende Differenzierung der Funktionen oder auf unterschiedliche Schwerpunkte in ihrer Nutzung zurückführen.

Die Funktionen können im Traum in ihrer reinen Form eben als Denkvorgänge, Gefühle, Wahrnehmungen, intuitive Einfälle usw. erscheinen, sich aber auch durch alle möglichen Formen (Menschen, Gegenstände, Farben etc.) symbolisieren.

Empfinden, Intuieren, Fühlen und Denken: Die vier Grundfunktionen auf der nächtlichen Bühne des Traums

Monika Rafalski

Grüne Wiese, gelbes Rapsfeld und blauer Himmel (Foto: Sergey Novikov, www.shutterstock.com)

Schlafen die vier psychischen Grundfunktionen Empfinden, Intuieren, Fühlen und Denken bei Nacht? Offenbar kaum - sie sind in anderer Weise aktiv und erscheinen in aparter Kostümierung auf der nächtlichen Bühne des Traums, eingefügt in eine Dramaturgie, die Proust beschrieb:

> *Fast alle Träume antworten auf Fragen,*
> *die wir uns stellen, mit einer verwickelten*
> *Inszenierung, bei der sich die Antwort*
> *auf Personen verteilt, die das Licht des*
> *folgenden Morgens nicht mehr erblicken.*
> Proust, 2000, S. 3559

Wenn uns am Morgen nur noch die Erinnerung an den Traum bleibt und die Sehnsucht, ihn zu verstehen, ist die Ferne von Vorteil, so Proust:

> *Der Traum arbeitet nicht mit dem Mikroskop,*
> *sondern mit dem umgedrehten Fernrohr:*
> *Nur aus Distanz kommt Erkenntnis.*
> Proust, 2000, S. 3559

Uns bleibt nur, noch einmal nachfühlend und reflektierend, das im Traum Erlebte an uns vorüberziehen zu lassen. In einer für das Ich verwunderlichen Vielfalt und Fülle werden Lebewesen, Handlungen, Utensilien, Kulissen und Atmosphären auf die Bühne gebracht, die unsere aktuellen Erlebnisse kommentieren und ein vielgestaltiges Bild der jeweiligen Psychodynamik geben, sowie immer neu die Perspektive auf das *Werde der/die du bist!* eröffnen. Das Verteilen der Botschaft auf verschiedene Akteure und Handlungen ist der Funktion von Träumen förderlich, Störungen des psychischen Gleichgewichts bewusst zu machen und zu korrigieren. Bisherige „Unter"- und „Überbesetzungen" einzelner Grundfunktionen werden im nächtlichen Theater anschaulich, Perspektiven für neue Rollenverteilungen entworfen und erprobt, Energien zum Fließen gebracht und bisherige Schattenbereiche beleuchtet.

In seiner Schrift *Psychologie und Alchemie* entnimmt C. G. Jung einer Traumserie bedeutsame Hinweise auf die unilaterale Beziehung des Träumers zu seinen Funktionen und verdeutlicht die damit gegebene Gefahr:

Der Träumer ist also nur noch im Besitz der das Ich tragenden, differenzierten Funktion ... Es scheint, als ob der Flug doch zu hoch gegangen sei... Man soll nicht mit »geistigen« Intuitionen sich über die »Erde«, das heißt über die harte Wirklichkeit, erheben und ihr damit davonlaufen, wie das so häufig geschieht, wenn man glänzende Intuitionen hat. Man ist ja nie auf der Höhe seiner Ahnung und soll sich daher auch nie mit dieser identifizieren. ...[Der Träumer] ist von Intuitionen unbewusster Herkunft getragen.
Jung, GW 12, § 148 ff.

Erscheinungsweisen der Funktionen im Traum

Wenn derartige Hinweise Träumen entnommen werden können, welche Dissoziationen im Funktionen-System und neurotische Einseitigkeiten aufzeigen, vor möglicher Überflutung durch eine Funktion warnen, den Wert einer bisher vernachlässigten Funktion aufzeigen, zur Verbindung von mehreren Funktionen auffordern u. ä. – ist es hilfreich, um die vielfältigen Erscheinungsweisen der Funktionen im Traum zu wissen.

Grundsätzlich gilt auch hier Jungs Empfehlung: „Wenn wir einen Traum richtig deuten wollen, so bedürfen wir einer gründlichen Kenntnis der momentanen Bewusstseinslage." (Jung, GW 8, § 477)

Das Erscheinen einer Funktion ist immer in das ganze nächtliche Schauspiel, seine Symbolik, den weiteren Kontext und die Gesamtkonstellation des Träumers eingebettet. Leicht zu erkennen ist die Entwicklung vernachlässigter Funktionen in Traumserien, wenn sie in Individuations- oder Therapieprozessen bewusst und beachtet werden.

Medium Farbe

Der symbolische Gehalt von Farben wirkt bereits bei Pflanzen und Tieren und in vielerlei Weise bei Menschen. So symbolisiert z. B. der Wandel der Farben im alchemistischen Prozess verschiedene Stadien der Individuation.

Aufgrund ihres Verwurzeltseins in der psychoiden Dimension ist die Symbolik der Farben auch mit den psychischen Funktionen verbunden, indem die vier Grundfarben Grün, Rot, Blau und Gelb jeweils einer Funktion entsprechen. Bemerkenswerterweise wird dies selbst in soziologischen Forschungen deutlich: „Zwischenmenschliche Beziehungen waren und sind stets durch die verwendeten Rot, Grün, Blau, Gelb imprägniert und beeinflusst." (Thurn 2007).

Werden eine oder mehrere dieser Farben im Traum thematisiert, kommt die entsprechende Funktion in den Blick, wobei die jeweilige Farbnuance das Bild moduliert. So kann eine grelle Ausprägung der Farbe auf die Dominanz der Funktion verweisen, ein zarter Farbton dagegen auf eine zarte beginnende Entwicklung.

Die Farbe Grün

Grün symbolisiert die Empfindungsfunktion in ihrer tiefsten und weitesten Bedeutung. Als Farbe der Vegetation und der Lebensenergie der Natur symbolisiert sie unsere Teilhabe an der Natur und der konkreten Welt durch körperlich-sinnliche Wahrnehmung und Aktivität – mit den Worten der Hildegard von Bingen sind in der Grünkraft, der Viriditas, Körper und Seele eins, die Seele ist die grünende Kraft des Leibes. In alchemistischen Texten gilt „die ›benedicta viriditas‹ (die gesegnete Grüne) als Zeichen beginnender Wiederbelebung der Materie" (Jung, E., von Franz, M.-L., S. 171). Dazu ein Traumbeispiel:

Ich sehe drei konzentrische Kreise um eine Mitte – alles in zartem schönen, etwas verschwimmenden Grün. Dann blicke ich auf ein kleines Gartenstück neben dem Komposter (dunkelgrün) und sage zu jemandem: „Hier darf alles wachsen, was will!" – Denke darüber nach, dass aus dem Komposter auch unbekannte Pflanzen-Samen aufgehen könnten, bemerke mit Freude zarte gefiederte Blätter, die als Gewürz zu verwenden wären. Sage: ‚Nur der Ampfer darf sich nicht vermehren!' Dann sehe ich, wie ein kleines zartes Vögelchen, unscheinbar fast wie ein Sperling, aber zarter, kleiner – also ein Singvogel – sein Köpfchen nach mir wendet und mich anschaut.

Die Träumerin war erschöpft und in Vorfreude zu Beginn der Weihnachtsferien auf das Zur-Ruhe-Kommen; die introvertierte Empfindungsfunktion wird thematisiert mit Konzentration auf die Mitte, Wandlung des Verdorrten, neuer Entfaltung und Kommunikation mit der Natur.

Die Farbe Rot

Rot ist die Farbe des Blutes, der Liebe, Lebensfreude, Leidenschaft und schöpferischer Kraft, des Feuers und der Wut. Es wird als warme, dynamische Farbe erlebt und entspricht der Fühlfunktion (Emotion = heraus-bewegen). Es berührt die Tiefen unserer Seele und ist Lieblingsfarbe kleiner Kinder.

Das vitale Rot des Eros, auch Farbe heidnischer Gottheiten, wird bei Einführung des Christentums zur Farbe des Teufels und der Hexen, andererseits im MA Hinweis auf die Passion Christi. Rupprecht Geiger, Maler monochromer, v.a. roter Farbfelder, bringt es auf den Punkt: „Im Moment bewusster Wahrnehmung setzt Rot Energie frei. Wird die Farbe so vorgestellt, ist ihr Stimmungswert fühlbar." (zit. n. Riedel) Dazu folgende Traumbeispiele:

Sehe rosa Mantel meiner Mutter vor mir, zweireihig geknöpft mit langen Ärmelmanschetten - wie Uniformmantel! Gefällt mir nicht, will ich nicht anziehen!

Kommentar der Träumerin: Rosa Mantel ist etwas kitschig; die Mutter erwartete, dass alle Familienmitglieder in gleicher Weise fühlten. Es ging praktisch um ein uniformiertes Fühlen.

Einige Monate später:

Ich habe eine kleine Kette mit roten runden Steinen (vermutlich Korallen), golden gefasst, gefunden. Nicht auf dem Geh-Weg, sondern seitlich davon auf der Einfahrt zum Klinikum, ein bisschen weniger exponiert.

Die Träumerin war in einer Phase, in der sie Zugang zu ihrem eigenen, sich im Unbewussten gestalteten introvertierten Fühlen bekam; Andeutung von Krankheit und Heilung sowie Verbindung zum Selbst werden deutlich.

Die Farbe Gelb

Intuitive Einfälle kommen überraschend wie ein Blitz oder ein erhellendes Licht, wie Redewendungen zeigen: *Mir geht ein Licht auf. Das war wie eine Erleuchtung.* Gelb ist Signalfarbe und symbolisiert entsprechend die Intuition.

Die ambivalente Einstellung unserer Kultur zu Gelb spiegelt auch ihre ambivalente Beziehung zu dieser Funktion: Ein warmes sonniges Gelb ruft positive Assoziationen wie Optimismus und Energie hervor, doch seit dem Mittelalter gilt Gelb auch als Farbe diskriminierter Gruppen und wird mit Neid in Verbindung gebracht. „Es beunruhigt den Menschen, sticht, regt ihn auf und zeigt den Charakter der in Farbe ausgedrückten Gewalt, die frech und aufdringlich auf das Gemüt wirkt." (Kandinski, zit nach Riedel)

Es könne sich zu einer für Auge und Gemüt unerträglichen Höhe und Kraft steigern und *„könnte als die farbliche Darstellung des Wahnsinns wirken"* (zit. n. Riedel).

Nach psychiatrischer Erfahrung wird Gelb von Schizophrenen bevorzugt. Auch in der Beschreibung von Heimendahl werden indirekt Aspekte der Intuition genannt: Gelb „befreit sich lichttrunken aus jeder Bindung, verströmt über alle Grenzen, will sich ausbreiten und vervielfältigen" (zit. nach Riedel).

traum

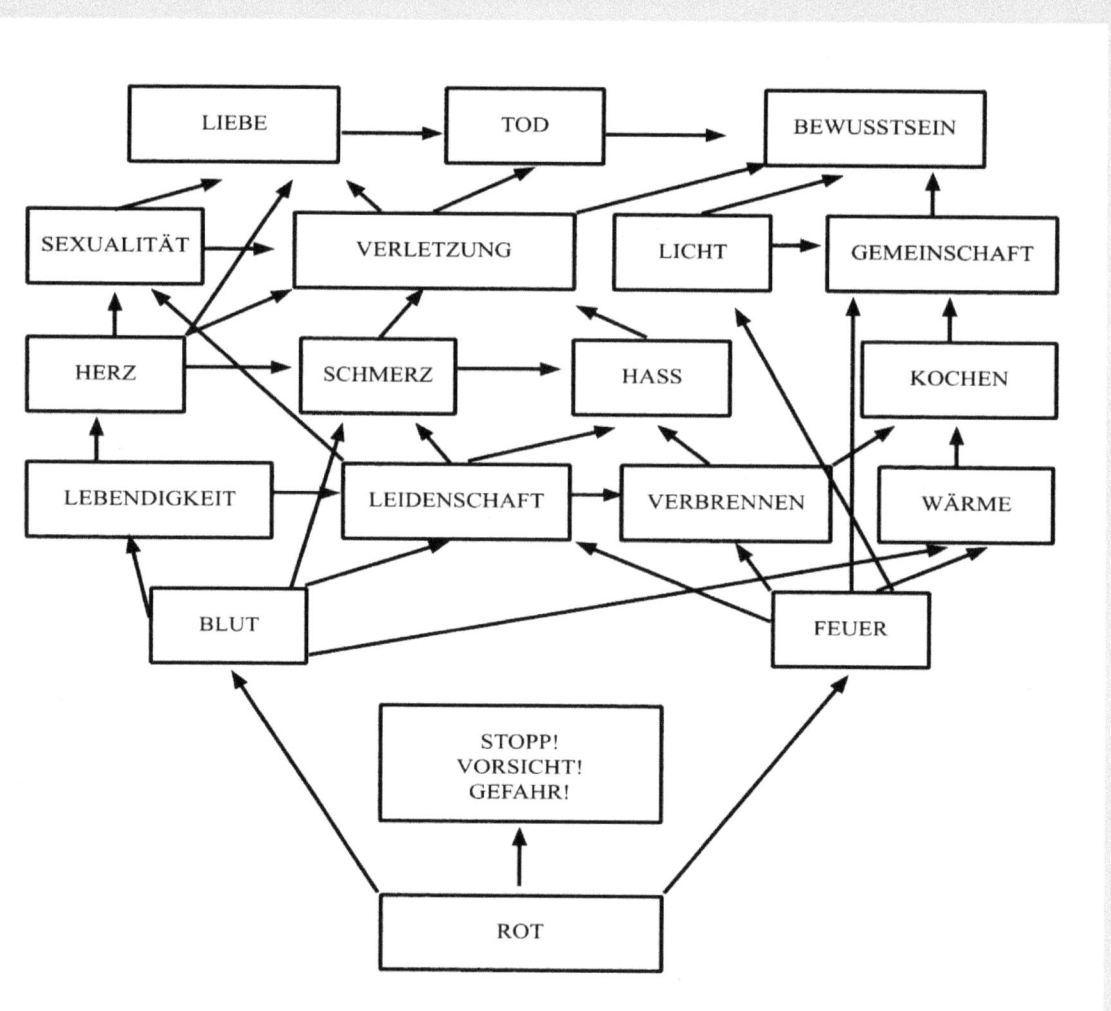

Die Abbildung stellt dar, welche unterschiedlichen Stimmungen, Gefühle, Emotionen, Erfahrungen und Assoziationen die Farbe Rot in uns auslösen kann. (Abb. © Verlag opus magnum)

Ein Traumbeispiel:

Ich sehe ein Stück grün-gelben Kabels vor mir – die Erdung.

Hier sind die beiden komplementären Funktionen Intuition und Empfinden verbunden, somit introvertierte und extravertierte wahrnehmende Funktion. Die Träumerin war erschöpft durch ihre überaktive extravertierte Intuition, wodurch ihr Ich öfters die Verbindung zur eigenen körperlichen Befindlichkeit (Empfinden) verlor.

Die Farbe Blau

Blau symbolisiert als tiefste und am wenigsten materielle Farbe, als Transparenz der komprimierten Leere – Luft, Wasser, Eis, Kristall – das geistige Erkenntnisvermögen, die Denkfunktion. Blau wird erlebt als Farbe des Himmels und der Meere, der unendlichen Ferne, Weite und Unendlichkeit. Für den Maler Yves Klein ist sie Ausdruck des Idealen, Absoluten und Unendlichen: „Das Blau ist das sichtbar werdende Unsichtbare ... Das Blau hat keine Dimensionen. Mit ihm verbinden wir Ruhe, Stille und Gelassenheit." (zit. n. Riedel).

Die *Blaue Blume* der Romantik symbolisiert Sehnsucht nach dem Unerreichbaren, Absoluten, der Ewigkeit, auch Treue, im Sinne des verpflichtenden Charakters der erkannten Wahrheit. Tiefdunkles Blau signalisiert Nacht, Melancholie, u. U. auch Tod. Jahrhundertelang fristete Blau ein Nischendasein, doch seit dem 20. Jh. ist es im Westen die verbreitetste Mode- und Lieblingsfarbe, obgleich – oder vielleicht weil? – es in der Neuzeit als kühle Farbe gilt, die Distanz schafft und Sachlichkeit vermittelt. Rot gilt als Gegenfarbe, während Gelb die Komplementärfarbe zu Blau ist.

Ein Traumbeispiel:

Ich nehme von meinen blauen (Visiten-)Karten einen kleinen Stapel weg, stecke sie ein mit einem Stift. Die oben liegende Seite ist leer. Ich denke dabei: Ich lass sie noch leer, kann dann aktuell in kommenden Situationen meine Gedanken aufschreiben!

Hier zeigt sich das extravertierte Denken des Träumers.

Die Kombination von Farben

Die Kombination von Farben signalisiert das Zusammenspiel der Funktionen.

Farben werden im folgenden Traum verbunden:

Ich sehe Paare von grünen einfachen, schönen flachen Damenschnürschuhen zusammengebunden – liegen aus, man kann sie sich nehmen. Teilweise leicht fleckig auf dem dünnen Oberleder, wohl älter. Dann sehe ich jeweils (dieselbe Form) immer ein roter + ein grüner als Paar zusammengebunden – kann man sich nehmen. Ich überlege, wie das wohl wirkt – neue Mode?

Die Träumerin war zur Ruhe gekommen, jedoch zu viel mit Aufarbeiten von liegen gebliebenen alten Arbeiten beschäftigt, wurde aufgefordert, auch mit dem Fühlen „unterwegs" zu sein, Spaß zu haben am praktischen Tun wie der bunt gekleidete Narr. Empfinden und Fühlen sind bei ihr introvertiert moduliert, passen daher zur Regeneration.

Farben werden vermischt: Lila/ Violett

Die Verbindung von Rot und Blau signalisiert das Zusammenspiel von Fühlen und Denken, wodurch sich beide Funktionen wandeln – was dem Lila/Violett als Farbe der Wandlung entspricht, wodurch Harmonie, seelisches Gleichgewicht der Gegensätze und Weisheit entstehen. Bei Mystikern verschiedener Kulturen ist die Welt des Körpers (rot) mit der Welt des Geistes (blau) zum faszinierenden Mysterium (violett) verbunden, in dem völlig andere als die bekannten Gesetze gelten.

Traumausschnitt:

Ich sehe einen lichten, zart wirkenden Baum, an dem lila eierförmige Früchte hängen. Dann wird mir gesagt, ich soll zu der dunkelvioletten Flüssigkeit (Muttersaft von Früchten) noch Milch dazugeben und gut quirlen.

Eine Träumerin in einer Phase, in der sie sich nicht mehr so stark wie bisher von ihrem extravertierten, sehr aktiven Denken antreiben ließ. Sie wird nun ansichtig, dass die Achtsamkeit für die gegenseitige Durchdringung von Fühlen und Denken beide Funktionen verändert und Früchte trägt. Der Prozess der Verbindung soll noch intensiviert werden, um psychisch nährend zu sein.

Weitere Medien des Auftritts der Funktionen auf der nächtlichen Bühne

Im Rahmen dieser Darstellung war es nur möglich, die mögliche symbolische Bezogenheit von Farbe und Orientierungs-Funktion zu beleuchten. Doch können im Traum auch inhaltliches Geschehen, Atmosphäre des Traumes, Utensilien, sowie einzelne Traumfiguren für eine Funktion stehen. Spielt sich der Traum z. B. im luftigen Bereich ab, ist das ein Hinweis auf das Wirken der Intuition. Taucht die Formulierung *Ich weiß, dass ....* im Traum ohne weitere Begründung auf, resultiert dieses Wissen aus der Intuition.

Manchmal werden die Funktionen direkt thematisiert, durch Handlungen dargestellt oder unmittelbar benannt, wie in diesem Traum:

traum

Ich sehe einen Kreis aus hellem Holz, innen leer – also Luft. Glasmurmeln sind an einigen Stellen (hellblau, hellgrau, durchsichtig), einige können nach Belieben verteilt werden. Ich höre dazu: „Das wichtigste am Denken ist der Durchblick, die Hellsicht!

Nachklang

Ist es nicht ein Wunder, auf welch vielfältige und einfallsreiche Weise sich Qualitäten, Energien und psychische Aktivitäten, die wir als die vier Grundfunktionen bezeichnen, im Traum zu erkennen geben können?! Mir scheint, dass diese Kunst der unbewussten Psyche eher in den Worten eines Dichters als in theoretischen Erörterungen zu beschreiben ist, womit wir zu Proust zurückkehren.

Monika Rafalski

Jahrgang 1943, Studium Psychologie u. Philosophie, Psychologische Psychotherapeutin in eigener Praxis, Dozentin, Lehranalytikerin am C. G. Jung-Institut in Stuttgart, Leiterin des Lehranalytikergremiums. Schwerpunkte: Grundfunktionen in der Analytischen Psychologie, Körper-Psyche-Einheit.

Literatur

Jung, C. G.: GW 12. Olten und Freiburg: Walter. 3. Aufl. 1980.
Jung, C. G.: GW 8. Olten und Freiburg: Walter. 4. Aufl. 1982. § 477
Jung, E., von Franz, M.-L.: Die Gralslegende in psychologischer Sicht. Olten und Freiburg: Walter. 1983. 2. Auflage. S. 171
Rafalski, M. (2018): Empfinden, Intuieren, Fühlen und Denken. Die vier psychischen Grundfunktionen in Psychotherapie und Individuation. Stuttgart: Kohlhammer. 2018
Rafalski, M.: Beiträge in www.symbolonline.de
Riedel, I. (1983): Farben. In: Religion, Gesellschaft, Kunst und Psychotherapie. Stuttgart: Kreuz
Thurn, H. P. (2997): Soziologie der Farbe. Köln: DuMont. Verlagstext zu: Farbwirkungen.
Auf der Suche nach der verlorenen Zeit, Bde. 1-3 1. Aufl.

Analytische Psychologie C.G. Jungs in der Psychotherapie

Monika Rafalski

Empfinden, Intuieren, Fühlen und Denken

Die vier psychischen Grundfunktionen in Psychotherapie und Individuation

Kohlhammer

Monika Rafalski
Empfinden, Intuieren, Fühlen und Denken
Die vier psychischen Grundfunktionen in Psychotherapie und Individuation
Kohlhammer 2018
236 S., ISBN: 978-3-17-028413-5
€ 28,99

Die religiöse Dimension der Seele

Träume, die uns unbedingt angehen

Ingrid Riedel

Silsersee, Engadin. Foto: kuhnmi (www.flickr.com)

Der Theologe Paul Tillich, der auch mit C. G. Jung in Kontakt stand, charakterisiert das Religiöse als „Ergriffenheit von dem, was mich unbedingt angeht" (Tillich 1996, S. 21). Das lässt sich auch so lesen: Das, was mich unbedingt angeht, - wie auch zu fühlen, dass es mich unbedingt angeht, das sei es, was die religiöse Qualität ausmacht. Auch für Jung ist die Religion das, was uns drängt, ja zwingt, wie er sagt „als Ganzheit zu reagieren". Wenn wir deshalb nach der besonderen Qualität fragen, die einen Traum zu einem religiösen machen kann, dann müsste dieser Traum nicht ausdrücklich von religiösen Themen handeln, sondern er müsste die Qualität haben, dass er uns „unbedingt angeht", dass er uns herausfordert, ja zwingt, „als Ganzheit zu reagieren."

So träumt eine Frau, damals Ende 40, sie stehe auf der Türschwelle ihres Hauses, als sie eine unüberhörbare und unerbittliche Stimme vernimmt, sie solle nun ihr „Vaterhaus" verlassen und aufbrechen in ein Land, das ihr gezeigt werden würde.

Die Träumerin verspürt eine heftige Angst, weil ihr die Zumutung eines Auszugs, ja eines Aufbruchs unerträglich erscheint. Sie hält sich die Ohren zu, wobei sie diese Stimme auch dann noch immer hört: Sie gerät in atemlose Angst, bis sie – noch immer im Traum – das Bewusstsein verliert und in Ohnmacht fällt. Schließlich erwacht sie wieder – noch immer träumend –, doch im Sandkasten ihrer Kindheit findet sie sich nun, mit Eimerchen, Schäufelchen und Förmchen neben sich: „Zum Spielen?", so fragt sie sich verwirrt.

Dieser Traum handelt auf den ersten Blick nicht von etwas ausdrücklich Religiösem, sondern von einem Ruf zum Aufbruch, heraus aus dem bisherigen Leben. Dieser Ruf hat allerdings die Qualität dessen, dass sie „unbedingt angeht": Auch deshalb ist die Angst vor diesem Ruf so groß, dass sie sich die Ohren zuhält und schließlich in Ohnmacht fällt, in die Ohnmacht einer Frau, die zutiefst meint, diesem Ruf einfach nicht gewachsen zu sein. Der Ruf ist, dessen ungeachtet, dennoch ergangen. Und in der Art und Weise, wie er erfolgt, wie er verlangt, das Vater-

traum

haus zu verlassen und in ein Land zu gehen, das ihr noch gezeigt werden würde, da kommt ihr – auch als der mäßigen Kennerin der Bibel, die sie ist – doch der Ruf aus der Abrahams-Geschichte in Erinnerung, in der jener zum Aufbruch ins Unbekannte aufgefordert wird. Und für Abraham war es der Ruf Gottes.

Die Träumerin flüchtet sich in die Ohnmacht. Doch hilft es ihr nichts: Als sie daraus erwacht, noch immer im Traum, findet sie sich in einem Sandkasten wieder, als sei sie noch ein kleines Kind, eine Vorstellung, die sie beim Erwachen sehr beschämt. Verhält sie sich sozusagen „kindisch" gegenüber diesem großen Ruf ins Offene, ins Neuland, so fragt sie sehr erschrocken, als sie diesen Traum erzählt. Der Ruf bleibt ihr dennoch unvergessen.

Konnte sie ihm doch auch in der Tat nicht sofort Folge leisten, denn die Angst, alles bisher Gelebte verlassen zu sollen – gewissermaßen noch immer ihr „Vaterhaus"! – die Angst ist noch zu groß. Doch konnte sie nach einiger Zeit des Nachdenkens, nach einigen Monaten, bei diesem schöpferisch spielenden Kind in ihr selber ansetzen und in einem „Sandkastenspiel" den künftigen Aufbruch fantasierend vorwegnehmen – bis er dann, noch später, wirklich erfolgte. Es ging um nichts Geringeres als um einen Berufswechsel und möglicherweise sogar um eine Trennung von ihrem Partner, einem bis dahin allzu väterlich-patriarchal erlebten Mann.

Könnten wir dies einen religiösen Traum nennen? Jedenfalls waren der Eindruck und die Betroffenheit davon, dass er sie unbedingt angehe, bei der Träumerin selbst sehr stark.

Ebenfalls wegweisend, wenn auch auf eine viel sanftere, gefühlsnahe Weise, wirkt der Traum einer 59jährigen, einer zudem sehr musikalischen und musikliebenden Frau: Das ganze Traumgeschehen spielt sich ab wie auf einem Notenblatt, von dem es abzusingen oder abzuspielen wäre. Sie träumt:

Auf der inneren von fünf Bahnen, die den fünf Notenlinien gleichen, die aber auch Wasserflüsse sein können, sehe ich eine Ikone auf mich zugleiten. Es ist eine von dem Typus Tichvinskaja, also dem Typus der „Wegführerin". In deren Legende gehört, wie ich weiß, dass sie an ein bestimmtes Ufer geschwemmt wurde, Sjas bei Tichvin war es in der Legende. Beim Näherkommen erkenne ich aber auch die Züge einer Madonna des van Eyck bei ihr, die Züge einer Stillenden – und dabei, als sie mir entgegenschwimmt, stehe ich auf einmal am Ufer des Mains, in der Nähe von Frankfurt, wo ich jetzt lebe.

Hier kommt ein Symbol mütterlichen Charakters auf die Träumerin zugeschwommen, ein Mariensymbol, zunächst als die Ikone der Wegweiserin, wie man sie im östlichen Europa kennt, das dann auch die Züge der Stillenden aus dem westlichen Europa annimmt. Etwas wegweisend Mütterliches, das sogar die stillende Mutter enthält, schwimmt hier als Ikone auf die Träumerin zu.

Natürlich ist diese Wegweisung auf eine tröstend mütterliche Art für die Träumerin anders willkommen als es der aufschreckende Ruf für die Träumerin des ersten Traumes war. Gehörte die Träumerin dieses Traumes doch zu denen, die die Ungeborgenheit ihres Lebensgefühls seit Vertreibung und Flucht aus dem Osten ein Leben lang mit sich herumgetragen haben. Erst jetzt in diesem Traum kommt sie mit dem Symbol einer inneren Geborgenheit in Kontakt, mit dem Ikonen-Symbol, verbunden mit der stillenden Madonna van Eycks, die durch zufällige Namensverwandtschaft eine Berührung mit ihrer eigenen Familiengeschichte hat.

Bemerkenswert, dass diese wegweisende Madonna auf einer Wasser-Linie, die Notenlinien gleicht, zu ihr gelangt: Die Musik als Gefäß auch für die tiefe Emotionalität dieser Frau wird so zum tragenden Strom für die wegleitende Ikone. Musik, hier wie so oft auch mit religiöser Konnotation, ist das tragende Element dieses Traumes und ist von wegweisender Bedeutung.

Fast wie im Traum, so C. G. Jung, sei es ihm einmal gelungen, eine schwere Schlafstörung zu heilen, indem auch er, selbst tagträu-

Stillende Madonna auf dem Thron. Jan van Eyck (1390-1441),
Städel Museum, Frankfurt/Main (www.wikimedia.org)

die von ihm verlangt von der Erde zu essen.
Als er es angstvoll abwehrt – die Erde sei doch
verstrahlt –, wiederholt die Stimme: Eben dies
werde sein Herz stärken und die Erde reinigen.

Ein nüchterner Mann ist es, der von diesem
Traum heimgesucht wird, ein Mann der tech-
nisch-rationalen Intelligenz, der zugleich eine
gute Beziehung zu der Erde seines Gartens hat.
Gerade deshalb hat ihn die Verstrahlung der
Erde, die nach dem Atomunfall von Tschernobyl geschah, so sehr betroffen und ratlos gemacht, so sehr, dass aus dem Numinosum
seines kollektiven Unbewussten dieser Traum
hervorbrach und den überaus erschreckenden
Auftrag, von eben dieser verstrahlten Erde zu
essen, an ihn herantrug.

Von eben jener Erde soll er essen, die er als
Mitarbeiter, als Mitforscher an einer Meiler-
anlage selber mitstrapaziert hatte, ungeachtet dessen, dass er als Gartenfreund die Erde
braucht und liebt. Der Auftrag jener autoritären
Traumstimme scheint absurd. Doch hat er archetypische Hintergründe.

Die Aufforderung überhaupt, Erde zu essen,
erinnert an Heilrituale, wie sie z. B. in indian-
ischen Kulturen bis heute praktiziert werden,
aber auch aus manchen anderen frühen Kulturen bekannt sind. Engste Verbindung mit
der Erde, dem Ursymbol des Mütterlichen, die
überhaupt denkbar ist, bedeutet solches Essen von Erde, eine körperliche Verbindung,
eine Einverleibung, wie sie ehedem immer sa-
kramentalen Charakters war. Hier, wie in der
hohen Autorität der vernehmbaren Stimme
gegenüber dem Träumer, wird die religiöse
Qualität des Traumes überdeutlich. Es ist eine
weibliche Stimme hier, und sie begründet die
unumstößliche Forderung, von der Erde zu essen, mit zwei gleichgewichtigen Argumenten:
Es werde sein Herz stärken und es werde die
Erde reinigen.

Sein Herz stärken also: Das Herz des Träumers hat tatsächlich nicht mehr die volle Leis-
tungsfähigkeit, das weiß er auch im Traum, es
hat in der Tat unter dem Stress des – wenn
auch unbewusst gebliebenen – Zwiespalts zwischen Forschungs- und Managertätigkeit am
AKW-Komplex und dem ursprünglich naturver-

mend-imaginierend in dieser therapeutischen
Stunde, die singende Stimme seiner Mutter
plötzlich zu vernehmen glaubte, die das Lied
von einem kleinen Mädchen sang, vor Sturm
und Wolken in einem Boot geborgen. Dieses
Lied sang er der todmüden Patienten während
der Therapiestunde, in der es ihn wie ein Tagtraum überkam. Unter diesen Tönen schlief die
Patientin wie geborgen ein und vermochte, indem sie dieses Lied erinnerte, sich von ihrer
Schlafstörung zu befreien.

Wenn Jung einmal sagt, dass alles, was sich
im kollektiven Unbewussten abspiele, seiner
Natur nach archetypisch sei und damit eine
gewisse numinose Qualität besitze, die sich
auch in einer Betonung des Emotionalen zeige
(so C. G. Jung in einem Brief an Serge Moreux
vom 20.01.1950), so wären eigentlich alle archetypischen Träume in gewissem Sinne religiösen Charakters.

So träumte ein 60-jähriger leitender Ange-
stellter einer Firma, die mit Atomenergie zu tun
hat, kurz nach den Ereignissen von Tschernobyl, er stehe in seinem Garten. Hier hört er
eine weibliche Stimme von großer Autorität,

bundenen, fast musischen Menschen, der er auch war, gelitten. Seit geraumer Zeit leidet er unter Herzrhythmusstörungen. Sein geschädigtes Herz würde es stärken, sich mit der geschädigten Erde wieder zu verbinden, so die Traumstimme. „Ausgerechnet mein Herz?", so fragt er zurück. Wäre das nicht mehr als die zentrale physische Pumpe seines Organismus, wäre es nicht als sein Herzsymbol die zentrale Fähigkeit, zu lieben, zu fühlen, mitzufühlen mit den Mitmenschen und mit der Erde selber? Ja, so meint die Stimme, die nichts anderes ist als die Stimme seines innersten Gewissens und Wissens: Die Erde selbst würde gereinigt von dem, was der Mensch ihr angetan hat, durch die innigste Wiederverbindung des Menschen mit ihr, die es gibt: durch das Essen der Erde, ein körperliches Verbinden, ein Sich-Vereinen mit ihr.

Nach der Verstrahlungskatastrophe von Tschernobyl kam in so manchem nachdenklichen Menschen die Vorstellung, ja der Impuls auf, man müsse für die Erde etwas tun, materiell, aber auch spirituell, man müsste ihr helfen, sich zu reinigen – man müsste ihr so etwas wie ein Opfer bringen, ein Reinigungsritual vollziehen.

Hier wird der Träumer von seiner inneren Stimme, wie ich sie jetzt einmal nennen will, dazu aufgefordert, ein Ritual aus dem uralten Symbolkreis des heiligen Essens zu vollziehen. Ob wörtlich oder symbolisch verstanden, es ginge um die innigst mögliche Wiederverbindung des Menschen mit dem Element Erde. Zugleich geht es hier um das archetypische Symbol der Mutter Erde selbst, der der Mensch letztlich sein Leben verdankt. Eine weibliche Stimme – in ihm selbst – legt diese lebenswichtige Verbindung dem Mann in ihm nahe, der zu den Vertretern jener technischen Hochintelligenz gehört, die die Zerstörung der Erde mit zu verantworten hat.

Ein Traum von religiöser Qualität ist auch dies, indem er uns unmittelbar angeht, mit dem Träumer zugleich uns Zeitgenossen. Es ist ein mehr als ein persönlicher Traum, der an das kollektive Bewusstsein appelliert, indem er ein Symbol des kollektiven Unbewussten, das heilende Essen von Erde anbietet und erschließt.

Träume fördern, wie wir sahen, Unbekanntes, noch Unbewusstes aus einer größeren Tiefe zutage, zu der das Tagesbewusstsein des Ich bis dahin keinen Zugang hatte: Weithin Verdrängtes kann darin zum Ausdruck kommen, aber auch noch nicht Zugelassenes, das neue Potenziale und noch unbekannte Ressourcen für den Träumer dieses Traumes öffnet.

Nach Jahren kirchlicher Berufstätigkeit, die ihr viel bedeutete, wenn sie auch nicht ohne Konflikte verlief, träumt eine Frau, die sich in der Zeit auch immer wieder mit dem überlieferten Jesusbild auseinandersetzte, den folgenden Traum:

Jesus, zu einem Verhör vor ein landeskirchliches Tribunal beordert und in einem Polizeiwagen dorthin befördert, reißt plötzlich von innen die Tür dieses Wagens auf und springt mit einem herrlichen Satz von dem Steilufer, auf dem das Fahrzeug fährt, hinab in den auf-blitzenden Fluss. Im Sprung verwandelt er sich in einen silbernen Delfin, der in den Fluss eintaucht und vor aller Augen verschwindet.

Jesus als Delfin: Angesichts dieses Bildes meine ich noch das Votum des Internisten Prof. Eckhart Wiesenhütter zu hören, auf einer Tagung der IGT damals, der – ohne diesen Traum zu kennen – zum Ausdruck brachte, dass unser traditionelles Bild von Jesus wohl für einige Zeit ins Unbewusste eintauchen und untertauchen müsse, um eines Tages gewandelt und um seelische Dimensionen bereichert erneut dem Bewusstsein wieder nahekommen zu können.

Wie sehr sich das rahmensprengende Verhalten des Mannes Jesus – wie damals so heute – dem ordnungswahrenden Verständnis auch des religiösen Verwaltungsapparats entziehen kann, zeigt sich in diesem Traum, in dem er erneut vorgeladen wird, sich zu verteidigen. Wie spielerisch öffnet er da von innen die Tür des Polizeiwagens und springt in einem herrlichen Satz von dem Steilufer, auf dem die Straße verläuft, hinab in den Fluss, in einen Strom fließender, transformierender Energie, zum Delfin geworden.

Foto: skeeze (www.pixabay.com)

Christus, T für Theos, H für Hyos, den Sohn und S für den Soter, den Heiland.

Heute ist der Delfin als das intelligenteste aller Meeressäuger bekannt, es gibt eine Delfinart auch als Flusswesen, mit eigenen Kommunikationsstrategien, die enge Kontakte untereinander als Gruppe, aber vor allem auch als rettende Kommunikation mit gefährdeten Artgenossen und auch mit Menschen bedeuten kann. Der Delfin hat ein außerordentlich ausgeprägtes Hörsystem bis in die Ultraschalltiefen hinein, weiß, zu orten und bei georteter Gefahr zu retten. So sind heute Träume mit Delfinen keine Seltenheit, ihre Ausstrahlung, die inniges Vertrauen und Ehrfurcht zugleich erweckt, erinnert an religiöse Gefühle.

So auch der Traum einer Physiotherapeutin, die sich, schon ausbildungsbedingt, sehr subtil mit Körpergefühlen auskennt:

Ich schwimme eng neben einem grünen Delfin, weit draußen im Meer, sehe kein Ufer mehr, ich habe aber den Arm um seinen Nacken gelegt und fühle mich in seiner Begleitung vollkommen geschützt und getragen.

Sie kann sich weiter hinaus wagen, aufs Meer, auf das ursprüngliche Lebenselement, aus dem wir stammen, in der Begleitung eines Delfins, viel weiter als sie es alleine je könnte – obgleich auch sie selbst sich dabei als Schwimmerin erlebte ... Der Delfin bedeutet einen Schutz, weit über den hinaus, den sie sich selber irgend geben kann. Dass er grün ist, gibt ihm zugleich die Farbe der Hoffnung, vor allem aber die der Natur selber.

Es ist im Symbol des Delfins die umfassende Natur selber, die sie schützt: Ein Wissen, das sie zugleich tröstet und sie vertrauen lässt, bis in ihre körperliche Verfassung hinein, indem sie den Arm um den Nacken dieses Delfins legt. Dass das Delfin-Symbol heute nicht nur bei einzelnen Menschen vorkommt, sondern etwas wie überpersönliche Bedeutung bekommen hat – als archetypische Komponente erkennbar wird – zeigt ein Traum wie der, der mir von einer mir unbekannten Frau, ca. 50, nach einem Vortrag zugesteckt wurde mit der

So stellt es sich jedenfalls im Unbewussten dieser träumenden Frau dar, so wird es ihrem Bewusstsein als Botschaft aus dem Unbewussten nahegebracht, mit dem Hinweis, der in dem Traumsymbol enthalten ist: Jesus künftig in der Tiefe des Unbewussten, auch in den Träumen also, zu suchen und vielleicht wiederzufinden. Denn schon im frühesten Christentum, noch zu Zeiten der Christenverfolgung, zur Zeit der Katakomben, wies man im geheimen Symbol des Fisches auf ihn hin, der oft als Delfin dargestellt wurde. Wurde doch der Delfin schon seit jeher im Mittelmeerraum als rettender Bote aus der Tiefe, als Götterbote auch, verstanden und verehrt.

Außerdem entdeckte man in dem griechischen Wort für Fisch - ICHTHYS – die komprimierte Form eines Glaubensbekenntnisses, in den Anfangsbuchstaben J für Jesus, CH für

Erlaubnis, fast der Bitte, ihn bei Gelegenheit weiter zu erzählen. Das tue ich hiermit erneut. Sie träumt:

Ich betrete einen hohen Raum, der mich an einen gotischen Kirchenraum erinnert. Es herrscht eine schöne, stille, ehrfürchtige Atmosphäre. Auf einmal meine ich, dass ich auf durchsichtigem Boden gehe. Unter mir ist Wasser, das aus der Tiefe hervor leuchtet. In der Tiefe muss eine Lichtquelle sein. Überhaupt eine Quelle. Ich kann mehrere Fische erkennen, die sich in schönen Formationen bewegen. Auf einmal aber taucht ein Delfin auf, der mich mehr als alle anderen anzieht. Er macht stille, schöne Bewegungen. Irgendwie bezieht er sich auf mich. Mich erfasst auf einmal eine ungeheure Sehnsucht nach diesem Delfin. Ich habe das Gefühl, es würde mein Leben verändern, ja heilen, mit ihm in Kontakt zu kommen. Ich sehe ihn so nahe, er steigt aus einem Leuchten auf, das aus der Tiefe kommt, aber noch ist diese durchsichtige Bodenplatte zwischen uns.

Es ist ein Delfin, der diesen Menschen so stark berührt. Er ist offenbar ein Wesen, das für uns symbolisch die Weisheit aus der Tiefe, aus dem Unbewussten, verkörpert. So wie eben schon in dem Traum zuvor, von dem ich berichtete, Christus selbst sich in einen Delfin verwandelt und in den Fluss eintaucht. Die geheimnisvolle Begegnung mit dem Transzendenten geschieht hier überraschenderweise nicht in der Höhe, wie es der gotische Kirchenraum mit seinem Streben nach Höhe nahelegen würde, sondern ganz ausdrücklich geschieht sie aus der Tiefe heraus, die aus einem aufschimmernden Raum unterhalb des durchsichtigen Kirchenbodens kommt, als wäre dort eine Quelle, ein unterirdischer Wasserspeicher, eine Quelle, wie sie übrigens in der Kathedrale von Chartres vorhanden ist und schon vor deren Bestehen dort verehrt wurde.

Für die Menschen unserer Zeit scheint eine neue Begegnung mit Transzendenz aus der Tiefe erfolgen zu wollen. Bote und Träger dieser Transzendenz ist auch hier der Delfin. Er

ist übrigens auch ein Symbol, ein Wesen, das, wie z. B. schon in der griechischen Mythologie, ursprünglich dem Mütterlichen zugehört. Der Demeter war der Delfin heilig, der den auf einer Insel geborenen Apollo mütterlich an den Strand trägt, wo er sich später mit ihm, als dem weiblichen Element, zu verbinden sucht, als Apollon-Delfineos. Auch männliche und weibliche Symbolik kommt also in dem Symbol des Delfins zusammen, Erde eben neben dem Himmel.

Träume von religiöser Qualität werden auch im Zusammenhang mit weltweiten Krisen geträumt, als bedürfe es zu deren Lösung einer Botschaft aus dem kollektiven Unbewussten. So träumte ein Journalist, 33, der schon während des ersten Golfkriegs in jener Region tätig war, in der ja durch die Kriegshandlungen mit der dortigen Landregion auch die gesamte Meeresregion ökologisch mitgefährdet wurde – so wie heute jene Großregion von Syrien und Irak als ganzer Lebensraum auch ökologisch gefährdet ist:

Rund um die Golfregion sehe ich Menschen aus all den am Konflikt beteiligten Nationen stehen, in einer riesigen, jetzt aber in ihrer Verstörung eng verbundenen Menschenkette, voll Verzweiflung und von Trauer. Sie klammern sich aneinander und schreien auf, als auf einmal das gesamte Wasser der Golfregion zu verdunsten beginnt. Das Meer selbst scheint sich zu leeren, auszutrocknen. Es ist ja auch alles Wasser von den im Krieg verwendeten Materialien und Chemikalien gründlich verseucht. Wenn aber das Wasser selbst versiegt, so sagt der Träumer, dann kommt unweigerlich der Tod. Die riesige Menschenkette, die nun mit ansehen muss, wie das lebenswichtige Wasser zu verdunsten beginnt, das der Flüsse, der Seen, ja der Meere, beginnt sich aneinanderzuklammern, beginnt zu schreien und zu weinen. Bei manchen sieht es wie ein Beten aus. Da, auf einmal sehen die Menschen, wie das verdunstende Wasser sich zu immer mächtigeren Wolken verdichtet, so wie auch früher, ehe es zu regnen begann. Sie wagen es kaum zu hoffen. Da ereignet sich plötzlich ein Wolkenbruch, die Regenmassen beginnen, sich in gewaltigen Strömen zu ergießen. Und, das merken sie sofort, es ist gereinigtes Wasser, das direkt aus dem Himmel stürzt. Die Menschen aus all den verfeindeten Lagern fallen sich in die Arme, weinen vor Freude, vor Dankbarkeit für das wiedergeschenkte Leben.

Dass die Lebensgrundlage, das lebenswichtige Wasser vor allem anderen endgültig verloren gehen könnte, das schreckt in diesem Traum die Menschen auf, weckt sie auf. Es geht nicht anders zu als in der Natur auch sonst, dass das verdunstete Wasser sich in Wolken verdichtet und im Regenstrom wieder herunterkommt. Nur, wann regnet es schon in diesen heißen Regionen? Und so war dieses Mal das Erschrecken so groß gewesen, die Verwüstung so unerbittlich, dass selbst das Meer auszutrocknen begann. … Es gibt einen Punkt, wo gleichsam nur der Himmel noch rettend eingreifen konnte.

Die Reinigung, die Transformation geschieht aber in diesem Traum nicht nur im Himmel, sondern zuvor bei den Menschen, durch ihre reuevolle Verzweiflung, ihr Zusammenkommen und Zusammenstehen in der höchsten Not, alle Feindschaften vergessend und überwindend. Darauf scheint der Himmel in diesem Traum rettend zu reagieren.

Auch dieser Traum hat die Qualität und auch die Inhalte eines religiösen Traums, der die betroffenen Menschen „unbedingt angeht". Der betreffende Journalist versuchte den kollektiven Inhalt dieser Botschaft, der ihn zuerst natürlich selbst anging; auch in seine Berichterstattung über das Geschehen, in einen Appell zur überlebensnotwendigen Befriedung jener Region einzubringen.

Im Zusammenhang mit den Flüchtlingsströmen des Syrienkriegs träumt in diesen Tagen ein junger deutscher Mann (24):

Auf den weiten, offenen Feldern sind Tische aufgestellt, oft sind die breiten Stümpfe abgehauener Bäume als Tische mitverwendet,

darum herum sitzen die Menschen, Flüchtlinge aus vielen Ländern, in der weiten Natur, als Gäste bei denen, die hier wohnen. … Es werden Brote herumgereicht, Brote gereicht und verzehrt, viele Brote – zuletzt aber Körner ausgeteilt, Körner zum Aussäen – „Ihr sollt mit uns hier wohnen und auf unserem Land hier säen und ernten", so sagt eine Stimme, „die Erde gehört uns allen".

Auch das ein Traum, der betroffen macht von dem, „was uns unbedingt angeht" – uns alle, zusammen mit dem jungen Mann, der ihn geträumt hat. Die überpersönliche Bedeutung, - aus dem kollektiven Unbewussten kommend und ins kollektive Bewusstsein weisend - ist ein aufrüttelndes Merkmal vieler religiöser Träume.

Literatur
Riedel, I. (2001): Träume. Wegweiser in neue Lebensphasen. Stuttgart: Kreuz.
Riedel, I. (2017): Die Welt im Spiegel der Seele. Erweiterte Neuauflage 2017, Ostfildern: Patmos.
Tillich, P. (1996): Vom Wesen und Wandel des Glaubens. Berlin: Ullstein.

PS Die Träume, auf die ich mich hier beziehe, sind wörtlich oder auch thematisch-inhaltlich in einigen meiner Veröffentlichungen schon genannt, wenn auch hier durchweg unter dem jetzigen Thema neu interpretiert.

Ingrid Riedel
Prof. Dr. theol., Dr. phil., Psychotherapeutin in eigener Praxis. Dozentin und Lehranalytikerin an den C. G. Jung-Instituten Zürich und Stuttgart, Honorarprofessorin für Religionspsychologie an der Universität Frankfurt/Main. Zahlreiche Veröffentlichungen.

traum

Das Gesicht der überirdischen Schönheit

Ich fand mich in einer Stadt, schmutzig, rußig. Es regnete und es war finster, es war Winter und Nacht. Das war Liverpool. Mit einer Anzahl, sagen wir einem halben Dutzend Schweizern ging ich durch die dunkeln Straßen. In der Mitte befand sich ein runder Teich und darin eine kleine zentrale Insel. Während alles von Regen, Nebel, Rauch und spärlich erhellter Nacht bedeckt war, erstrahlte die kleine Insel im Sonnenlicht.

Dort wuchs ein einzelner Baum, eine Magnolie, übergossen von rötlichen Blüten. Es war, als ob der Baum im Sonnenlicht stünde und zugleich selbst Licht wäre.

Meine Gefährten kommentierten das abscheuliche Wetter und sahen offenbar den Baum nicht. Sie sprachen von einem andern Schweizer, der in Liverpool wohne, und wunderten sich, dass er sich gerade hier angesiedelt habe.

Ich war von der Schönheit des blühenden Baumes und der sonnenbestrahlten Insel hingerissen und dachte: Ich weiß schon warum, und erwachte.

Dieser Traum stellte meine damalige Situation dar. Ich sehe jetzt noch die grau-gelben Regenmäntel, von der Feuchtigkeit des Regens glänzend. Alles war höchst unerfreulich, schwarz und undurchsichtig – so wie ich mich damals fühlte. [...] Aber ich hatte das Gesicht der überirdischen Schönheit, und darum konnte ich überhaupt leben.

Das Erlebnis des Traumes verband sich mir mit dem Gefühl des Endgültigen. Ich sah, dass hier das Ziel ausgedrückt war. Die Mitte ist das Ziel, und über sie kommt man nicht hinweg. Durch den Traum verstand ich, dass das Selbst ein Prinzip und ein Archetypus der Orientierung und des Sinns ist. Darin liegt seine heilbringende Funktion.

Traum von C. G. Jung aus: Jung/Jaffé, 1962, S. 201

Das Erleben von Schwangerschaft und Geburt in Träumen

Wie archetypische Bilder entstehen

Beate Kortendieck-Rasche

Unsere Väter fanden uns in der Form eines Fisches oder einer Schildkröte im Traum, aber unser eigentlicher Vater ist Wangina. Er brachte uns vom Himmel in das Wasser. Nun heißen wir nach unseren irdischen Vätern – aber wir kamen vom Himmel durch das Wasser in Träumen.
James, Wagner 1996, S. 73

Seit 30 Jahren arbeite ich als Frauenärztin in meiner Praxis und begleite Frauen und Paare im Rahmen der Mutterschaftsvorsorge auf dem Weg von Schwangerschaft und Geburt. Alle folgenden Träume habe ich in den Jahren dieser Arbeit gesammelt. Sie sind in der Beziehung zwischen mir und den werdenden Eltern entstanden, und wir haben über sie gesprochen. Das ist das Besondere an meiner Arbeit. Diese Träume sind ein Stück gemeinsamen Lebens meiner Patientinnen und mir.

In der Schwangerschaft wird viel geträumt und viele Träume werden erinnert. Veränderungen müssen integriert werden. Die Träume sind voller archetypischer Bilder. Das Unbewusste der werdenden Mutter ist in einem tiefen Wandlungsprozess, einem Wandlungsgeschehen, welches körperlich, sozial und seelisch erlebt wird.

In der wissenschaftlich psychologischen Nomenklatur bezeichnet man es als Reifungskrise, vergleichbar mit der Pubertät. Neuere wissenschaftliche Untersuchungen fanden sogar hirnorganische Veränderungen bei schwangeren Frauen, durch die sich kognitive Strukturen ändern. Eingebunden in dieses Erleben ist immer auch der werdende Vater, obwohl die Veränderungen sich bei ihm nicht im gleichen Maße körperlich manifestieren.

Die Träume helfen nun mit ihren Bildern, die schwangere Frau und den zukünftigen Vater auf das Leben als Eltern vorzubereiten. Man könnte sie als die *Schwangerengymnastik der Seele* bezeichnen.

In dieser Arbeit mit Träumen habe ich mich als Begleitung verstanden. Es war kein analytisches Therapiesetting. Vielmehr haben wir uns gemeinsam an den Bildern gefreut, gestaunt, manchmal habe ich nachgefragt oder musste entängstigen, indem ich Analogien aus Märchen oder Volksbrauchtum angeboten habe, selten auch Deutungen.

Einige dieser Träume von werdenden Müttern werden hier vorgestellt. Sie spiegeln das Erleben von Schwangerschaft und Geburt in berührenden Bildern.

Es gibt heute ein umfassendes Wissen um die ersten neun Monate des intrauterinen Lebens. Trotz der zahlreichen Bücher und Filme zu dem Thema, ist das Erleben von Schwangerschaft und Geburt für die werdenden Eltern eine Begegnung mit dem Numinosum, dem Geheimnis des Lebens: *Was ist das Leben? Woher kommen wir? Wohin gehen wir?*

Viele Märchenmotive beschäftigen sich mit Themen der Schwangerschaft und der Frage nach dem Ursprung des Lebens. Da gibt es das Kinderwunschproblem bei *Dornröschen* oder *Rapunzel* oder die Angst, dass das Kind ein Fremdes sein wird, so ganz anders als erwünscht und erwartet, wie im Märchen *Das Eselein* oder *Hans mein Igel*.

Die letzten Wochen vor und die ersten Wochen nach der Geburt sind eine besonders vulnerable Periode mit großen Anpassungserfordernissen und Gefahren für Mutter und Kind.

Auch diese schwierige Zeit findet man in den Märchenmotiven gestaltet, und zwar in der Figur der grausamen *Todesmutter*, die immer wieder das Neugeborene der jungen Königin verschwinden lässt oder die das Leben der jungen Mutter bedroht wie bei *Brüderchen und Schwesterchen*.

Das sehr alte Wissen um diese Zeit der Wandlung und ihrer Gefahren ist nicht nur in den Märchen, sondern auch in Ritualen der Völker rund um die Schwangerschaft und Geburt erfasst. Es findet sich in den Traummotiven und – was vielleicht erstaunt – auch in Bildern der Weihnacht aus Mittelalter und Renaissance.

Einige solcher Bilder werden im Folgenden in Analogie zu Traummotiven gestellt, um die archetypischen Inhalte für den Leser noch deutlicher erlebbar werden zu lassen.

Zu diesen Bilden: Sie sind in einer Zeit gemalt, in der das individuelle Erleben noch nicht die Bedeutung hatte wie für Menschen unserer Zeit. Die Menschen lebten noch mehr im Kollektiv und erlebten sich wohl auch in kollektiven Bildern. Lesen und Schreiben war nur wenigen vorbehalten.

Die Bilder dienten zunächst der Vermittlung der biblischen Geschichten, aber ähnlich wie die Märchen enthalten sie archetypische Inhalte, die den davor betenden Menschen halfen, ihre Lebenssituation besser zu verstehen, Ängste zu integrieren und guter Hoffnung zu sein.

Gerade die Madonnendarstellungen und die Weihnachtsgeschichte waren für Frauen besondere Orte der Meditation, da sie einen wichtigen Aspekt des Frauenlebens schildern, einen Aspekt, der mit realen Gefahren und Ängsten verknüpft war und für den es besonderer Ermutigung bedurfte.

Die archetypischen Motive stehen auch bei den ausgewählten Träumen im Mittelpunkt.

1. Bild

Anders als in der analytischen Therapie, in der ein persönlicher Zugang zum Traum und seiner Symbolik gewählt wird, habe ich in der Arbeit mit Träumen in der Schwangerschaft vor allem dem archetypischen Erleben Raum gegeben.

Diese Botschaften aus dem Unbewussten zeigen Ängste, aber auch Motive voller Freude und Hoffnung. Diese Motive verbinden die werdenden Eltern über Generationen und Kulturen hinweg mit dem Erleben anderer Eltern. Bei dem Erinnern der Träume, dem Nachdenken über Märchenmotive oder dem Betrachten der alten Bilder entsteht für die Eltern ein neues Bewusstsein vom Menschsein, was bei einigen eine spirituelle Dimension bekommt.

1. Beginn der Schwangerschaft: Woher kommt das Leben? – Begegnung mit dem Numinosum

1. Bild: Verkündigung; Jacopo Tintoretto (1518-1594)

Möglichst bei einem der ersten Kontakte mit der schwangeren Frau frage ich nach Träumen und erkläre die Bedeutung, die ich dem Aufschreiben der Träume beimesse. So frage ich: *Träumen Sie denn schon manchmal von Ihrem*

Kind? Die Antworten fallen sehr unterschiedlich aus:

Nein, bisher eigentlich noch nie – aber wissen Sie, ich hatte jetzt öfter Träume von Aliens – Außerirdischen, die zu mir in die Wohnung gekommen sind. Da habe ich mich erst einmal erschrocken – die waren aber total süß.

Ich bin in meinem Haus. Es will jemand in das Haus einbrechen. Erst durch die Tür mit Gewalt, ich versuche sie zuzuhalten und schreie um Hilfe. Mein Mann hilft mir. Dann kommt der Fremde aber durchs Fenster. Wieder schreie ich um Hilfe.

Diese beiden Traumfragmente stammen aus den ersten Monaten der Schwangerschaft, und es sind erwünschte Schwangerschaften. Trotzdem wird die Schwangerschaft vielfach als der Einbruch einer anderen Realität erlebt. In den Christgeburtsdarstellungen ist es die Szene der Verkündigung, in der der Engel, der Außerirdische, in die alltägliche Welt der Maria einbricht. Es ist ein Moment des Erschreckens, gefolgt vom Gefühl, es ereignet sich etwas in mir, bei dem mein bewusstes Ich nicht mehr die Regie hat.

Das Annehmen dieses Geschehens ist ein Prozess, der sich körperlich häufig in den typischen Schwangerschaftsbeschwerden wie Müdigkeit, Übelkeit bis hin zum schweren Schwangerschaftserbrechen niederschlägt. Auf der somatischen Ebene kann es als eine immunologische Auseinandersetzung mit dem „Fremden" interpretiert werden.

Bald zeigt sich aber auch die Freude in den Träumen, das Erleben, dass die Schwangerschaft ein Geschenk ist, wofür folgende Träume Beispiele sind:

Mein Mann hat ein Aquarium. Nun sind plötzlich aber viele Fische aus dem Wasser herausgeflogen. Sie fliegen durch unsere ganze Wohnung und machen eine bunte, fröhliche Stimmung. Mein Mann und ich versuchen, die Fischchen mit Schmetterlingsnetzen einzufangen, denn sie müssen ja eigentlich ins Wasser.

Ich bin in meiner Wohnung. Das Fenster steht offen, mein verstorbener Vater kommt zu Besuch. Er schenkt mir zwei Goldarmbänder. Ich bin erschrocken und verwundert, denn ich habe doch nur ein Kind (Traum einer türkischen Frau, in deren Kultur es üblich ist, zur Geburt einen Goldschmuck geschenkt zu bekommen.)

In diesen beiden Träumen ist das männliche Prinzip in Gestalt des Ehemannes oder des Vaters, der als transpersonales Väterliches aus dem Bereich der Verstorbenen erscheint, mit dem Eintritt der Schwangerschaft verknüpft. Das Leben kommt aus dem Himmel, aus dem Jenseitsbereich oder aus dem Wasser. Das sind Fantasien, die ganz häufig in den Traumbildern auftreten. In vielen Träumen ist das Kind zunächst repräsentiert als Frucht, Pflänzchen oder Wassertier wie Fisch oder Frosch und dann aber auch wieder als Vogel oder Schmetterling.

Ungeachtet unseres naturwissenschaftlich abgestützten, bewussten Wissens um Ovulation, Befruchtung und Embryogenese scheint die Seele andere Antworten auf die Frage nach dem Ursprung des Lebens zu finden.

2. Verunsicherung – Rückbindung in die weibliche Linie – Aktivierung des Mutterarchetypes

2. Bild: Mariae Heimsuchung; Jaques Daret (um 1404 -1468): Besuch der schwangeren Maria bei ihrer ebenfalls schwangeren Base Elisabeth

Mit Beginn der Schwangerschaft treten Veränderungen ein, die in allen Lebensbereichen der Frau wirksam werden. Da sind zum einen die körperlichen Veränderungen, die mit dem anderen Erleben des Körperbildes, dem Wachstum von Bauch und Brüsten und dem hormonellen Geschehen eine neue Wahrnehmung von sich als Frau erfordern.

traum

2. Bild

Die Schwangerschaft bringt aber auch Veränderungen für das Liebespaar, das nun zu einem Elternpaar wird, oder für die schon bestehende Familienkonstellation und für den sozialen Status der berufstätigen Frau. Es ist eine Schwellensituation: Das bisher Vertraute muss aufgegeben werden, es entsteht eine Phase des Übergangs, bevor die neue Identität gefunden werden kann.

In dieser Situation der Verunsicherung wird die Rückbindung in die weibliche Linie wichtig und der Mutterarchetyp aktiviert. Großmütter, Mütter, Schwestern, Cousinen und Freundinnen tauchen in den Träumen der Schwangeren immer wieder auf, begleiten, helfen oder kommentieren das Geschehen. In der christlichen Tradition der Bilder ist die weibliche Begleitung im Besuch der schwangeren Maria bei Elisabeth thematisiert. Die Schwangerschaft ist ein Weg des Frauseins, und die Rückversicherung in der weiblichen Linie ist dabei essenziell.

Die weibliche Begleitung ist auch Motiv in den folgenden Träumen:

Ich gehe mit meiner Mutter und meiner Schwester spazieren. Wir sind in einem dunklen Wald. Da kommt eine Herde schwarzer großer Affen auf uns zugelaufen. Ich habe große Angst. Auch meine Schwes-

ter will weglaufen. Aber meine Mutter beruhigt uns – die Affen sind nicht gefährlich. Habt keine Angst. Aber ich laufe trotzdem weg.

Einige Wochen später träumt die gleiche Patientin:

Ich bin in einer wunderschönen Wildnis, vielleicht einer Art Tierpark, und um mich herum sind viele Giraffen. Meine Mutter ist wieder an meiner Seite, es geht mir gut, ich habe keine Angst.

In der Situation von Angst vor dem Neuen, symbolisiert durch die Herde großer schwarzer Affen, hier vielleicht Repräsentanten des tierhaften Aspektes der Körperlichkeit in der Schwangerschaft oder auch des Kindes, ist es die Mutter, die beruhigt und eine Veränderung der Wahrnehmung ermöglicht. Es ist hier die persönliche Mutter, aber zugleich auch die eigene, erwachende Mütterlichkeit der Träumerin. In dem zweiten Traum ist der dunkle Wald zu einer schönen Wildnis oder gar Tierpark geworden, und die Affen zu Giraffen, die mit ihren langen Hälsen mehr Überblick haben.

3. Bild: Anna Selbdritt; Michael Wolgemut (1434-1519)

In diesem Bild ist die Großmutter gestaltet, deren Mantel Schutz für Mutter und Kind ist. Das Kleid von Mutter und Tochter hat die gleiche Farbe und das gleiche Muster. Sie sind also wie aus einem Stoff. Großmutter, Mutter und Kind verkörpern die Generationskette, in der die werdende Mutter Zugehörigkeit erlebt und zugleich auch Wandlung: Durch die Geburt wird eine Tochter zur Mutter und eine Mutter zur Großmutter.

Neben diesem spirituellen Aspekt des Erlebens ist es auch die ganz tatkräftige Hilfe und Begleitung, die Frauen durch Frauen erfahren. Hebammen, die Frauen aus der Geburtsvorbereitung, Freundinnen, die schon Mütter sind, und die Großmütter geben Orientierung und konkrete Unterstützung in der Phase vom *Mutter werden*.

Anthropologische Wissenschaftler nehmen sogar an, dass das Phänomen des Klimakteriums der Frau seinen Sinn hat in der Unterstützung der Frauen im gebärfähigen Alter durch die ältere *Großmütter-Generation*. Nur beim Menschen, und übrigens auch bei Walen, gibt es das Klimakterium und das offensichtlich aus ähnlichen Gründen.

In der Schwangerschaft findet noch einmal die Auseinandersetzung mit der eigenen Mutter und den mit ihr gemachten Erfahrungen von Bindung und Ablösung statt. Es ist aber auch der Archetyp der transpersonalen Mutter, der aktiviert ist und gerade bei negativen Muttererfahrungen sehr hilfreich sein kann. Es ist die *Große Mutter*, die der Schwangeren hilft, selber Mutter zu werden.

Dazu passen die folgenden Traumgeschichten:

3. Bild

Ich bin im Haus meiner Eltern; ich gehe aus der Hintertür in den Garten. Da schaue ich in den Nachbargarten. Es stehen dort viele Obstbäume, die schwer voller Kirschen, Pflaumen und Pfirsiche hängen. Auch gibt es Erdbeeren. Eine alte Frau ist im Garten, eine Nachbarin. Ich kenne sie nicht gut. Aber sie beschenkt mich mit Früchten, und ich kann sie gar nicht alle tragen und essen.

Ich ziehe mit meinem Mann durch eine wunderschöne Schneelandschaft. Beide ziehen wir einen Kinderschlitten. Da begegnet uns ein 100 Jahre altes Mütterchen. Ich nehme sie auf meinen Schlitten und will sie den Berg hochziehen. Es geht durch tiefe Schneewechten und mein Mann sagt, ich sollte aufpassen, dass ich das Mütterchen nicht verliere. Wie wir oben auf dem Berg sind, ist auf meinem Schlitten nur noch ein Schneehaufen. Ich schaue über die Schneelandschaft und sehe das alte Mütterchen weiter unten über den Schnee huschen. Es ist ein eigenartiges Bild: die alte Frau ganz in schwarz gekleidet, wie sie mit krummem Rücken wieselschnell über die Schneefläche läuft.

Nun fährt mein Mann mit Skiern los, um die alte Frau zu holen. Es ist schön, wie er den Hang hinunterfährt und hinter der nächsten Schneewechte verschwindet. Dann taucht er aber ganz schnell wieder auf mit der alten Frau. Sie war schlauer als wir gewesen und hatte längst den Skilift benutzt, sodass wir sie gar nicht holen brauchten. Sie erzählt uns, wie reich das Leben ist.

Ähnlich wie in der Person der Anna Selbdritt ist in diesen Träumen das Bild der *Alten Weisen* gestaltet, die beschenkt, hilft und mehr weiß als die werdenden Eltern. Im ersten Traum schenkt sie so viele Früchte, dass die Träumerin sie gar nicht alle tragen und essen kann. Es ist das übergroße Glück des Beschenkt-Seins und auch das ganz körperliche Erleben des Erfüllt-Seins bis hin zum Völlegefühl.

Im zweiten Traum muss ein beschwerlicher Weg gegangen werden. Auch das ist ein körperliches Erleben, der Bauch wird größer, der Gang schwerfälliger. Mann und Frau müssen den Schlitten mit dem alten Mütterchen den Berg hinaufziehen, offensichtlich auch eine Situation, die für das Paar nicht ganz einfach ist. Es geht durch eine weiße Schneelandschaft. Weiß ist die Farbe von Wandlung und Übergang, die des Todes, aber auch der Hochzeit, des Leichenhemdes und des Brautkleides. Unter der Decke des Schnees geschieht die Wandlung, wartet das Wunder des Frühlings.

Diese Träume zeigen, wie die Bilder aus körperlichem Erleben entstehen, dann aber einen erweiterten, nämlich einen spirituellen Sinn bekommen.

3. Wer wächst denn da in mir?
Träume vom Kind

Mit wachsendem Bauch und zunehmenden Kindsbewegungen werden die Fantasien und Traumbilder vom Kind konkreter, und es wächst die Neugier, wer denn da im Bauch strampelt. Es sind kleine Traumprinzen und Traumprinzessinnen, die in den Träumen erscheinen; die Freude über das Kind intensiviert sich und gleichzeitig damit auch Sorge, dass das so eng Vertraute auch fremd sein werde oder behindert und krank, was sich an folgenden Beispielen ablesen lässt:

Ich lege meine Hände auf den Bauch, da habe ich plötzlich mein Kind in den Händen. Es ist ein Mädchen, aber noch viel zu klein. Schnell lege ich es wieder zurück.

Ich habe mein Kind zu Hause geboren. Es war ganz leicht, ich habe es eigentlich gar nicht gemerkt. Meine Schwestern und meine Mutter sind auch da. Ich sage zu ihnen: „Die Geburt war ja ganz leicht, anders als ihr erzählt habt." Auch mein Kind ist da. Es läuft durch die Wohnung, ein blonder Junge, auf jeden Fall irgendwie hell. Aber er hat schon Zähne, das beunruhigt mich. Ich zeige es meinem Vater.

Es ist so ein seltsames Gefühl in meinem Bauch. Ich fasse durch die Bauchdecke. Da habe ich mein Kind in den Händen. Es ist eine Frühgeburt. Es ist missgebildet, klein

mit verformtem Kopf und spitzen Zähnen. Es hat eine Schlangenzunge. Ich bin verzweifelt. Was soll ich tun? Es ist doch mein Kind, ich kann es nicht einfach wegwerfen. Ich lege es zurück in den Bauch und wachte weinend auf.

Es ist der erste Schultag meiner Tochter. Ich bringe meine Tochter zur Schule, da bin ich es aber plötzlich selber, die in der Schulbank sitzt am ersten Schultag. Ich bin festlich gekleidet, ich schaue auf meinen Bauch. Die Bauchdecken sind plötzlich durchsichtig geworden, und ich kann durch sie hindurchschauen. Da sehe ich mein Kind. Es schaut mich an und ich bin sehr glücklich.

Der durchsichtig werdende Bauch, der Wunsch, das Kind schon mal kurz herauszunehmen, aber auch das Wissen, dass der Bauch ein Schutzraum für das Ungeborene ist, sind weitere häufig vorkommende Motive.

*4. **Bild**: Maria mit dem schlafenden Kind; Andrea Mantegna (1431-1506)*

Auf dem Bild von Andrea Mantegna erkennt man Mutter und Kind in einer Nähe, wie beide es in der Schwangerschaft erleben: Alleinheit, geteiltes Selbst, Paradies. Gleichzeitig erinnert das gewickelte Kind aber auch an die Leichenbinden, und der Aspekt der *Todesmutter* wird vorsichtig berührt.

Das erinnert an obigen Traum von der Frühgeburt: den kurzen Moment der Ablehnung des behinderten Kindes, wenn die Mutter zur *Todesmutter* wird, sei es, wenn eine Frau sich zur Abtreibung entschließt oder wenn die Mutter in schwerer postpartaler Depression sich vom Kind abwendet.

*5. **Bild**: Maria im Garten; Matthias Grünewald (1475/1480-1531/32)*

Das zweite Bild zeigt das Glück des Sich-Anblickens. Die Geburt als erstes Ablösungserleben ist geglückt, Mutter und Kind sind zum Gegenüber geworden, und das Anblicken ist

4. Bild

5. Bild

nun die neue Nabelschnur, die Liebe zueinander, das *bonding*. Die Mutter *erkennt* ihr Kind, was in der Sprache der Bibel ein Bild für die umfassende körperliche und geistige Liebe ist. „Und Adam erkannte sein Weib Eva und sie ward schwanger" (1. Mose 4,1); das Erkennen ist hier Ausdruck tiefst möglicher Begegnung.

Das Heraus- und Hereinnehmen des Kindes durch die Bauchdecken scheint mir neben der Neugier auf das Kind auch ein Einüben des Ablösungsprozesses, eine Vorbereitung der Geburt. In den Bildern der Fremdheit des Kindes mit spitzen Zähnen oder Schlangenzunge gestaltet das Unbewusste die Angst vor Behinderung und gleichzeitig auch die Vorbereitung auf die Autonomie, das ganz Eigene des Kindes.

Die Angst, das Kind zu verlieren, kommt ebenfalls häufig in Träumen vor. Manchmal ist es das sehr konkrete Bild der vaginalen Blutung oder des Arztes, der bei der Ultraschalluntersuchung den Tod des Kindes feststellt, manchmal ist es aber auch das alte Märchenmotiv, dass das Kind gestohlen wird oder im Krankenhaus verwechselt wird oder einfach verschwindet.

4. Wandlung – im Reich der großen Mutter

Das Thema der Wandlung ist schon mehrfach angeklungen. Es ist das zentrale Erleben in Schwangerschaft und Geburt, ein archetypisches Geschehen. Nach dem Anthropologen Mircea Eliade ist das Erleben dieser Wandlung das Grundmuster aller Übergangsriten, der *rites de passage*. Schwangerschaft und Geburt gelten bei Anthropologen als eine naturgegebene Initiation, die dann rituell gestaltet wird:

Das fundamentale Erleben der Geburt bildet im Lebenszyklus der Frau in den Stammeskulturen bzw. in den traditionell verankerten Gesellschaftsformen eine bestimmende Konstante, und zwar im Sinne eines Übergangs vom Mädchen zur Frau, von der Frau zur Mutter. Zugleich gilt die Geburt allgemein in den kulturellen Riten als die Vermittlung von Tod und Neugeburt. Die Gebärmutter erscheint als der Ort, aus dem das Leben kommt und zu dem es in den Schoß zurückkehrt."
Hampe 1995, S. 225

6. Bild

Erster Wandlungsschritt: Separation

Der erste Schritt eines solchen Übergangsritus ist die Absonderung oder Separation. Diese erfolgt in einem abgegrenzten Bezirk im Wald oder extra dafür errichteten Hütten. Nach Eliade entspricht es dem Zurückgehen in die Dunkelheit des Mutterleibes.

Man könnte es auch als eine Phase der Regression beschreiben, in der die Aktivierung des Mutterarchetyps erfolgt. Die Schwangere geht in Kontakt mit dem Bereich des Unbewussten, betritt das Reich der *Großen Mutter*. Symbole wie das Labyrinth, die Dunkelheit eines Waldes, Höhlen oder die Untergrundstation, Felsformationen und immer wieder das Wasser werden in den Träumen gestaltet. Im Schutz der Dunkelheit wächst das Kind heran, und der Schutzmantel der *Großen Mutter* ist für das Wandlungsgeschehen der schwangeren Frau existenziell, was in folgendem Bild aus der frühen Neuzeit und in einem zeitgenössischen Traum gestaltet wird.

6. Bild: *Madonna auf der Mondsichel; Meister von 1456*

Ich bin in einem dunklen gewölbten Raum. Links hinter mir geht meine Mutter. Wir sind beide in Schwarz gekleidet, obwohl doch meine Hochzeit ist. Meine Haare sind mit weißen Sternen überstreut, wie Sterntaler.

Auf dem Bild sieht man eine wunderschöne Schutzmantel-Madonna. In den typischen Farben Schwarz, Weiß und Rot und mit den Attributen der Nacht, Sternenhimmel und Mondsichel, ist sie das Bild der großen Muttergöttin, welches zurückgeht bis in babylonische Zeit. Hier ist es die Madonna. Sie ist die Königin der Nacht. Sie ist die Mutter, die nachts kommt und tröstet, wenn das Kind Angst hat – ein Mutterbild, welches jeder Mensch kennt.

Sie sitzt im Garten, dem *hortus conclusus*, und bietet Schutz ihren Menschenkindern, den geschützten Raum zum Wachsen. Die Farben Schwarz, Weiß und Rot sind die Farben von Initiationsriten und des Wandlungsprozesses in der Alchemie.

Frei von Herausforderungen aber ist auch dieser Raum des Wachsens nicht. Dazu folgende Beispiele, wieder aus der Kunst und den Träumen einer Patientin:

Ich gehe auf einem engen Felspfad. Rechts von mir ragt die steile Felswand empor und links ist das Meer. Es schlagen Wellen bis zu meinen Füßen, mein Weg ist sehr schmal und lang, ich muss vorsichtig gehen.

7. Bild: *Felsgrottenmadonna; Leonardo da Vinci (1452-1519)*

Der lange enge Weg ist ein typisches Motiv vor allem in der zweiten Hälfte der Schwangerschaft. Geduldig den Weg der neun Monate gehen, deren Ablauf man nicht beschleunigen kann, ist eine tiefe Erfahrung. Sie bereitet die werdende Mutter auf die Geburt vor, wo es auch der Hingabe bedarf und auf das Leben mit einem kleinen Kind. Alle Wachstumsprozesse benötigen Fürsorge und Geduld.

7. Bild

*der Entstehung eines neuen Menschen,
das Unbewußte in Träumen Bilder von
Uranfang und Neuschöpfung heraufbringt,
die eng mit dem Wasser verknüpft sind.*
Abt 1996, S. 17

Sicher sind es auch körperliche Erfahrungen, der Bauch, mit dem man aneckt, für den die Wege eng werden oder die Schwere des Bauches, die einen fühlen lässt, dass in ihm etwas schwimmt, die diese Bilder hervorbringen. Gleichzeitig ist es aber auch ein Wissen aus Beobachtung und in unserer Zeit aus Büchern, Filmen, Ultraschall. Möglicherweise gibt es aber auch Körpererinnerung, die in vorgeburtliche Zeit zurückgeht.

Die eigentliche Wandlung

Im zweiten Schritt des Übergangsritus findet die eigentliche Wandlung statt. Etwas Altes muss sterben, damit das Neue geboren werden kann. Dieser Übergang ist durchaus mit Angst besetzt, was im folgenden Traumbericht zum Ausdruck kommt:

Ich gehe mit meiner Freundin zu deren Oma. Wir müssen durch einen dunklen Wald gehen, dort in dem Wald ist das Haus der alten Frau. Es ist eine alte Hütte. Wir gehen hinein und treffen die alte Frau. Sie ist aber eine böse Zauberin. In ihrem Haus gibt es viel schreckliche Tiere, vor allem Spinnen und Insekten. Aber meine Freundin und ich machen die Alte fertig.

Hier kommen nun das Motiv des Hauses oder auch der Gebärhütte, sowie die Gestalt der großen Mutter als Zauberin. Für diese Träumerin war die Schwangerschaft eher mit negativen Erwartungen verknüpft. Die Gebärhütte ist hier ein bedrohlicher Ort! Doch der Traum findet eine fast heitere Lösung – die Freundin hilft dabei!

Der Ort der Geburt sollte ein geschützter Raum sein. Für Jahrtausende waren es Höhlen, in denen Frauen sich zur Geburt zurückzogen. Die Höhlenheiligtümer von Geburt und Wiedergeburt erinnern noch heute daran (Ca-

Die Motive von Felsen und Wasser sind auf dem Bild der Felsgrotten-Madonna gestaltet. Es ist die Grotte – der Mutterleib und die Felsen mit dem Wasser. Steine und Felsen bezeichnet man auch als die „Knochen der Mutter Erde" und sie sind von zentraler Bedeutung bei vielen Fruchtbarkeitsritualen. Man kann an die Beckenknochen der Geburtswege denken und an das Fruchtwasser, in dem das Kind geschützt heranwächst und mit dem es bei der Geburt herausgeschwemmt wird. Von Flüssen, Teichen oder dem Meer träumt jede Schwangere mindestens einmal, es ist das archetypische Symbol des „Ursprungs" und erscheint als solches auch in vielen Schöpfungsmythen.

*So hatte im Denken der Alten das Wasser denn
auch überall mit dem Ursprung des Lebens und
mit der Entstehung der Welt zu tun.
Es ist darum nicht erstaunlich,
dass vor der Geburt eines Kindes,*

traum

8. Bild

tal Hüjük, die *Höhle der Frauen* im Ayers Rock in Australien, die *Grotte von Pech Merle* oder die *Höhle der Geburtskirche* in Bethlehem).

An diesen Orten kann man erleben, wie sehr früh der Mensch im Geburtsgeschehen eine spirituelle Dimension erfahren hat. Später gab es Gebärhütten oder auch ein spezielles Zelt, wohin die Frauen sich zurückzogen. Im Elsass war es vor hundert Jahren noch üblich, das Haus, in dem eine Frau sich zur Geburt vorbereitete, hermetisch abzudichten, zum Schutz vor bösen Geistern. Es gab aber auch die Geburt im Stall *bei Ochs und Esel*, nah am naturhaften Geschehen wie in den meisten Darstellungen der Weihnachtsgeschichte. In Kasachstan legten die Nomaden über das *Himmelsloch* der Jurte ein weißes Tuch während der Zeit von Schwangerschaft und Geburt.

Die Gebärhütte ist der geschützte Raum für die Geburt, gleichzeitig aber auch ein Symbol für den mütterlichen Körper, den das Kind bei der Geburt verlässt. Im folgenden Träumen findet sich dieses Motiv.

Ich soll mein Kind bekommen, es ist aber nicht im Krankenhaus, sondern in einem kleinen dunklen Haus. Meine Mutter hilft mir.

Ich habe Angst, als ich das blutverschmierte Kind sehe. Ich sehe auch die Nabelschnur. Da falle ich oder rutsche von dem gynäkologischen Stuhl und liege plötzlich auf der Erde. Dort liege ich auf der Erde mit meinem Kind, es ist alles gut. Ich sehe, es ist ein Mädchen, wie ich es mir gedacht hatte.

Ich bin in meiner Wohnung, da gibt es ein schreckliches Erdbeben. Unser Haus bricht zusammen – ich habe Todesangst – aber wie durch ein Wunder geschieht mir und meinem Mann nichts. Wir gehen mit unserem Kind an der Hand aus dem Haus.

In den folgenden zwei Bildern ist die Gebärhütte dargestellt:

8. Bild: *Die Anbetung des Neugeborenen, Meister des Paraments von Narbonne (Lebensdaten unbekannt, Wirkungszeit zweite Hälfte des 14. Jahrhunderts).*

Die ältesten Darstellungen von Christi Geburt zeigen oft eine Höhle oder einen Stall in einer Felsformation. Nach Erich Neumann sind Felsen und Berg ein Symbol des Elementarcharakters des *Großen Weiblichen*.

9. Bild: *Die Heilige Nacht (Geburt Christi), Albrecht Altdorfer (1480-1538).*

Man sieht den Stall von Bethlehem als einen Ort der Initiation: Das Haus ist ein zerbrechendes Gefäß, darin das Elternpaar mit dem göttlichen Kind und dem großen Runden am Himmel als Symbol des Selbst.

Neben der Wandlung im geschützten Raum (Haus, Höhle) kommen als weitere Wandlungsmotive Wasserfluten, Erdbeben, das Feuer und auch schon mal die Schlange vor:

Ich hatte mehrfache Schlangenträume. Immer wieder tauchten kleine, weiße Giftschlangen auf dem Boden auf, sogar in meinem Schlafzimmer. Ich hatte viel Angst in den Träumen. In dem letzten dieser Schlangenträume passierte aber Folgendes: Wie-

9. Bild

bens, von außerkörperlichem Sein und ekstatischer Ganzheitserfahrung.

Hier im Traum sind es die Schlangen, die den Tod bringen können, die verschlingen, aber dann doch eine überraschende andere Lösung bieten – die „Ent-bindung". Die Schlange häutet sich und zeigt sich in ihrer Wiedergeburts- und Wandlungssymbolik. Neben der Häutung ist es das Lösen des Gürtels, welches in diesem Traum eine archetypische Symbolik darstellt. Hüftschnüre, Baumwollbänder oder auch gürtelförmige Körperbemalung werden bei indigenen Ethnien Brasiliens in Allegorie zur Schlangenhäutung gebracht oder als Initiationsmerkmal getragen.

In Europa waren es die Wundergürtel, Reliquien der Mutter Gottes oder anderer Heiligen, die verehrt wurden, und geweihte Bänder trug die Schwangere zum Schutz des Ungeborenen. Mit Einsetzen der Wehen wurden jedoch alle Bänder und Schließen gelöst. Symbolisch scheint in diesem Bild die Trennung von Mutter und Kind vorweggenommen, das Durchtrennen der Nabelschnur, während das Tragen der Gürtel eine Rückbindung zur *Großen Mutter* und ihrem Schutz herstellte.

Für die Träumerinnen ist es immer wieder sehr hilfreich, die Bilder von Bedrohung und Tod als Symbole eines Wandlungsgeschehens zu verstehen und die Angst davor annehmen zu können.

5. Höhenflug und Niederkunft Wiedereingliederung

Nach all diesen Bildern des teilweise doch ängstigenden Wandlungsprozesses kommt die letzte Stufe der Initiation: die Wiedereingliederung, verbunden mit neuem Wissen und Sein: das Fest der Geburt.

Das ekstatische Ganzheitsgefühl, ein Gefühl von nie erlebtem Wachsein, wie es viele Frauen noch Stunden nach der Geburt erleben, wird von der somatischen Medizin mit dem Vorhandensein großer Mengen von Endorphinen erklärt, die während der Wehentätigkeit zum Schutz der Gebärenden vom Körper gebildet werden, und dem erhöhten Adrenalin Ausstoß in der letzten Geburtsphase, der die Mutter nach der Geburt fä-

der waren viele Schlangen um mein Bett; plötzlich war es aber nur noch eine, dafür aber riesig groß und schwarz. Ich hatte Angst. Sie kam auf mich zu und wollte meine Beine umschlingen, da dachte ich – ich will keine Angst mehr haben – und ich hörte die Stimme meiner Freundin, die mir zurief „Binde deine Hose auf und lasse sie herunter". Es war mir peinlich, aber ich machte es. Die große Schlange nahm meine Hose und war damit zufrieden. Da sah ich, dass die Schlange sich häutete, ihre schwarze Haut hatte lauter weiße Flecken. Sie sah sehr schön aus.

Todesangst und Todeserleben tritt in den Träumen der Schwangeren auf. Über Jahrtausende war die hohe Müttersterblichkeit ein Teil der Frauenwirklichkeit. Während der Geburt wird aber auch heute noch eine Schwellensituation erlebt, die mit Nahtod-Erfahrungen Ähnlichkeit hat. Frauen berichten von Lichterscheinungen, einem Aussetzen des Zeiterle-

hig macht, ihr Neugeborenes zu versorgen und auch im Notfall zu verteidigen.

10. Bild: *Maria in der Glorie, Jean Hey, Meister von Moulin (tätig 1470-1500)*

1950 wurde nach päpstlicher Deklaration die Jungfrau Maria in das himmlische Brautgemach aufgenommen. Die Krönung der Maria, die Aufnahme Marias in den Himmel und die Korrektur des patriarchalen Gottesbildes war auch ein zentrales Thema in den späten Arbeiten von C. G. Jung.

Tatsächlich erleben viele Frauen in Schwangerschaft und Geburt die große Wertigkeit des Frauseins, was sie mit Frauen über Zeiten und Kulturen hinweg verbindet. Die Entscheidung, dieses Grenzerleben auch bewusst anzunehmen, hat in den letzten 50 Jahren zu einer neuen Sicht und Weiterentwicklung in der modernen Geburtshilfe und Mutterschaftsvorsorge geführt. Natürliche Geburt, Geburtshäuser, Hebammengeburt, Stillgruppen, rooming in, natürliche Geburtspositionen, all das sind Themen, die in diesen Entwicklungsbereich gehören. Die Wertschätzung des Weiblichen, die *Große Mutter* hat in einem kleinen Bereich unserer Gesellschaft zumindest wieder Zugang zum Himmel bekommen.

Die Freude, das Hochgefühl spiegelt sich auch in folgenden Träumen:

Ich kann fliegen, hoch über der Erde. Ich sehe alles von oben, es ist einfach wunderbar. Auf meinen Schultern sitzt das Kind, wir fliegen gemeinsam. Aber dann wird es mir zu schwer, es drückt mich auf die Erde. Es gibt ein Festessen, ein Fest wie die Hochzeit, Vater und Mutter kommen zu Besuch.

Ich fliege mit meinem Mann und einer anderen Frau ans Ende der Welt. Mein Mann ist der Pilot. Wir müssen über einen ganz hohen Berg, kommen dann herunter zum Meer. Am Strand angekommen, will der Pilot sich die Haare mit Erde waschen. Es ist goldgelber Sand, eine heilige Stimmung. Eine der Frauen hat im Meer Armbänder

10. Bild

und ein schön bemaltes Töpfchen gefunden. Ich gehe auch ein Stück ins Wasser, obwohl es mir unheimlich ist wegen der seltsamen Tiere und Pflanzen. In einer kleinen Rundung sehe ich eine Perlmuttmuschel liegen, die ich aufheben will. Gleichzeitig denke ich, dass ein Tier darunter sein könnte. Tatsächlich sitzt darin eine große, rotgold schillernde Kröte mit Tentakeln an den Füßen. Ich lasse die Muschel fallen, bewundere aber das schöne Tier.

11. Bild: *Maria, das Kind verehrend; Fra Filippo Lippi (1406-1469)*

Schwangerschaft und Geburt sind für viele Frauen ein tief spirituelles Erlebnis, eine Begegnung mit dem Numinosum, in seinem Schrecken und seiner Gnade. Nach Grenzerleben und Todesnähe stellen sich nun Gefühle von Ganzheit und Einsicht in tieferes Wissen ein. Es ist aber auch immer ein Ankommen auf der Erde, im Hier und Jetzt. Das Kind drückt die Mutter zurück in die Welt von Elternsein, und der Pilot wäscht sich die Haare mit Erde! Schöner kann man gar nicht sagen, wie die jungen Eltern nun, mit ihrem Baby, in ihrer neuen Wirklichkeit ankommen.

Auf dem Bild sieht man wieder viele der bekannten Symbole: den dunklen Wald, den langen Weg, die Felsformationen, Wasser, einen weißen Vogel und die Taube, Maria, in den Farben der alten Muttergottheit (Weiß, Schwarz und Rot) – doch jetzt umhüllt von einem hellblauen Mantel als Zugewinn einer geistigen Dimension –, und das göttliche Kind, ein Geschöpf des Himmels und der Erde.

Zuletzt möchte ich nun den Traum eines Vaters nach der Geburt seines ersten Kindes präsentieren. Auch der Vater ist von dem Wandlungsgeschehen erfasst:

> *Ich wache nachts auf, es ist ein weißes Licht in der Wohnung, das von außen kommt, als hätten Leute die Straße und die Hauswände weiß angestrichen, wie in Griechenland zum Osterfest. Ich gehe durch die Wohnung – ein Fenster steht auf – der Vorhang weht im Wind. Es ist eine seltsame, verzauberte Stimmung. Ich denke: Da ist jemand in unsere Wohnung gekommen, der nicht durch die Türe gekommen ist. Ein kleines Wildschwein läuft herum und grunzt. Im Badezimmer läuft Wasser. Durch die Tür höre ich eine Frau sagen: „Wer mit mir aus diesem Kelch trinkt, der ...", ich unterbreche sie und protestiere: „Aber das ist doch mein Badezimmer". Ich spüre aber, dass ich schon von diesem Zaubertrank getrunken habe. Mein Leben und ich selber bin verwandelt, ein anderer geworden, unwiderruflich.*

6. Wie entstehen archetypische Bilder?

Aufgrund meiner oben gezeigten Praxis in der gynäkologischen Begleitung schwangerer Frauen sowie aufgrund von Diskussionen in meinem „jungianischen" Umfeld – z. B. meinem Mann Jörg Rasche – bin ich zu der Auffassung gekommen, dass gerade weibliche Körpererfahrungen im Kontext von Schwangerschaften wesentlich zur Entstehung archetypischer Bilder beitrugen.

Zur Frage, wie archetypische Bilder entstehen, möchte ich zunächst eine Ausführungen

11. Bild

C. G. Jungs zum Begriff des Archetypus zitieren:

> *Vom Unbewussten gehen determinierende Wirkungen aus, welche in jedem einzelnen Individuum Ähnlichkeit, ja sogar Gleichheit der Erfahrung sowohl wie deren imaginative Gestaltung gewährleisten. Einer der Hauptbeweise hierfür ist der sozusagen universale Parallelismus mythologischer Motive, die ich wegen ihrer urbildlichen Natur Archetypen genannt habe.*
> Jung, GW 9 I, § 118

Schwangerschaft und Geburt bedeuten eine solche *Gleichheit der Erfahrung*, die allen Menschen gemeinsam ist und so auch ähnliche Imaginationen hervorbringt.

In den Träumen gibt es selbstverständlich die Ebenen der *persönlichen* Bilder, die ich hier aber vernachlässigt habe. Bestimmte Traummotive sind *archetypischer* Natur.

Die Motive von Wasser, langem Weg und Felsendurchgang, von einstürzenden Häusern, Dunkelheit oder Enge, aber auch ekstatischem Ganzheitsgefühl kommen sehr häufig vor und lassen sich unschwer auf körperliches Erleben beziehen, welches dann aber symbolisch erlebt wird. Wir haben es in unserer Sprache aufbewahrt, wenn wir in schwierigen Situationen sagen *da muss man durch* oder *das ist ein Lichtblick*, oder sich wohlfühlen wie ein *Fisch im Wasser*.

Daneben gibt es Motive, die eher einen *kulturellen* Charakter tragen. Das Bild der *Großen Mutter*, die weibliche Begleitung, die Gebärhütte oder auch die Farbsymbolik sind Menschheitserfahrungen, die auch kulturell geformt wurden. So scheint die Schwellensituation der Schwangerschaft als eine vulnerable Zeit vom frühen Beginn der Menschheitsgeschichte an bewusst erlebt und gestaltet worden zu sein. Ihre charakteristischen Phasen wurden dann auf andere Situationen des Überganges wie Pubertät, Heirat und Tod als Initiationsrituale übertragen.

Die archetypischen Bilder in den Träumen schwangerer Frauen machen deutlich, was im Unbewussten der Frau an Aspekten vom Muttersein angelegt ist. Der archetypische Mutterkomplex wird aktuell belebt, regeneriert, aufgefrischt und abgerufen. Seine Bilder machen ein Erleben psychisch zugänglich, das allen Frauen gemeinsam ist, was Zugehörigkeit und Vertrauen schafft.

Für mich war die Traumarbeit als Begleitung meiner schwangeren Patientinnen eine große Bereicherung als Ärztin, aber auch als Frau, die ich nicht missen möchte. Den Weg dazu hat mir die Analytische Psychologie C. G. Jungs und seiner Schüler eröffnet, wofür ich eine tiefe Dankbarkeit empfinde.

Literatur

Abt, R., Bosch, I., Mac Krell, V. (1996): Traum und Schwangerschaft. Eine Untersuchung von Träumen schwangerer Frauen. Einsiedeln, Daimon.
Eliade, M. (1980): Das Mysterium der Wiedergeburt. Frankfurt/M.: Insel.
Gélis, J. (1989): Die Geburt. Volksglaube, Rituale und Praktiken von 1500 bis 1900. München: Eugen Diederichs.
Hampe, R. (1995): Frau und Geburt im Kulturvergleich. Eine kunst- und kulturanalytische Studie. Europäische Hochschulschriften19/B. Frankfurt/M.: Peter Lang GmbH, Europäischer Verlag der Wissenschaften.
James, R., Wagner, S. (1996): Australian Dreaming, 40000 years of Aboriginal History. Nordwest Australien.
Jung, C. G. (1976/1983): Über den Archetypus: Der Animabegriff. In: Gesammelte Werke Bd. 9/1 (S. 73). Olten: Walter
Kortendieck-Rasche, B. (2001): Schwangerschaft und Geburt, Spuren weiblicher Initiation in Träumen zeitgenössischer Frauen und Mariendarstellungen alter Meister. In: Jenseits der Symptome/ Beyond the Symptoms, Piet Nijs u.a., Peeters Press, Leuven 2001.
Weitere Literaturhinweise können gerne bei der Autorin angefragt werden.

Beate Kortendieck-Rasche
Frauenärztin und Paartherapeutin, ausgebildet in der Sandspieltherapie/DGST, arbeitet im Vorstand der Berliner Junggesellschaft und im Vorstand der DGST. Sie ist Mutter und Großmutter und lebt in Berlin.

Träume sind keine beabsichtigten und willkürlichen Erfindungen, sondern natürliche Phänomene, die nichts anderes sind, als was sie eben darstellen. Sie täuschen nicht, sie lügen nicht, sie verdrehen und vertuschen nicht, sondern verkünden naiv das, was sie sind und meinen. Sie sind nur darum ärgerlich und irreführend, weil wir sie nicht verstehen. Sie wenden keine Kunststücke an, um etwas zu verbergen, sondern sagen das, was ihren Inhalt bildet, in ihrer Art so deutlich wie möglich. Wir vermögen auch zu erkennen, warum sie so eigentümlich und schwierig sind: die Erfahrung zeigt nämlich, daß sie stets etwas auszudrücken bemüht sind, was das Ich nicht weiß und nicht versteht.

C. G. Jung, GW 17, §189

Der Traum, aus dem die Stoffe sind

Träume von Wissenschaftlern

Bernd Leibig

Die Wissenschaft ist üblicherweise eine sehr rationale, geordnete und systematisierte Vorgehensweise, um uns Erkenntnisse der Welt zu ermöglichen.

C. G. Jung hat an dieser einseitigen, nur logischen und dem Logos verpflichteten Vorgehensweise fundamentale Kritik geäußert. Er bescheinigte dieser Art von Wissenschaft und der damit verbundenen Denkweise, dass sie in einer Sackgasse gelandet sei und dass der Prozess einer ganzheitlichen Weiterentwicklung damit blockiert sei.

Um dies zu verstehen, möchte ich Jungs Begriff der Naturwissenschaft erläutern. Jung versteht die Menschheitsgeschichte und die Kulturgeschichte als *globalen* Individuationsprozess. Er parallelisiert die psychologische Selbstentwicklung des Einzelnen mit der Entwicklung der Menschheit. In der Bewegung auf dem "abendländischen Individuationskreis", nach dessen Vollendung die Menschheit sozusagen zu sich gekommen wäre, sei es, nach Jung, auf der Ebene der Naturwissenschaft zum Stillstand gekommen.

Dieser Stillstand auf dem "abendländischen Individuationskreis" rühre daher, dass die Naturwissenschaft sich einseitig auf die Materie verlagert habe. So wie die Alchemie einseitig wurde, indem sie *wirklich* Gold herstellen wollte und damit den *Wandlungsgedanken als geistiges Phänomen* aus den Augen verlor, so habe die Naturwissenschaft sich *einseitig* auf die Materie ausgerichtet, sodass wegen dieser Einseitigkeit der Individuationsprozess der Menschheit nicht weiter gehen konnte. Es sei geradezu zu einer "Vergottung der Materie" gekommen, wie Jung sich ausdrückt (vgl. Kurthen, S. 76).

Jung wollte der anderen Seite des Menschen und der Menschheit Raum und Berechtigung verschaffen. Diese andere Seite ist die des Unbewussten, das er ja nicht nur als persönliches Unbewusstes, sondern auch als kollektives Unbewusstes verstand. In den Träumen speist das kollektive Unbewusste die inneren archetypischen Bilder, die dann als Traumerinnerung im Bewusstsein erscheinen. Jung schreibt:

> *Das kollektive Unbewusste besteht aus präexistenten Formen, Archetypen, die erst sekundär bewusst werden können und den Inhalten des Bewusstseins fest umrissene Formen verleihen.*
> Fischer 2004, S. 150

Interessant ist es, wenn Wissenschaftler, die ja der Logik, der Geltung der Kausalität, also dem Gesetz von Ursache und Wirkung, und dem rational überprüfbaren Vorgehen im Forschungsgeschäft verpflichtet sind, wenn diese Wissenschaftler durch ihre Träume wesentliche Intuitionen erfahren, denen sie entscheidende Hinweise für ihr Fachgebiet verdanken.

Allen voran ist an dieser Stelle der theoretische Physiker Wolfgang Pauli zu nennen, der entscheidend an der Entwicklung der Quantenphysik in der Gruppe um Niels Bohr und Werner Heisenberg beteiligt war. Pauli stand über fast 25 Jahre seines Lebens mit C. G. Jung in teilweise engem Kontakt.

Pauli war einerseits ein überaus kritischer Zeitgenosse und Vertreter der exakten Wissenschaft der Quantenphysik. Und andererseits nahm er das Unbewusste mit seinen Archetypen enorm ernst. Jung veröffentliche mit Paulis Einverständnis über 400 Träume Paulis in seinem Aufsatz *Traumsymbole des Individuationsprozesses*.

Pauli war beseelt und überzeugt von einer mit klassischen Mitteln nicht beschreibbaren Zweiwertigkeit der Welt und dass deren Unanschaulichkeit ein wesentlicher Bestandteil ist. Die Polarität und die Unanschaulichkeit sind auch im Verständnis der Analytischen Psychologie zwei wesentliche Bestimmungen des Archetyps, auf den Pauli sich immer wieder bezieht.

So war für Pauli neben der rationalen, bewussten Seite auch die gleichrangige Beachtung des Unbewussten und damit seiner Träume unabdingbar.

Pauli träumte oft von einer „Chinesin", die auch häufig als das „dunkle Unbekannte" auftauchte. Sie steht für das Unbewusste seiner Person und für seine Anima.

Bei der Beschäftigung mit der Zweiteilung spielte die Symmetrie für Pauli eine große Rolle. Er schrieb, es sei „fast ein Dogma, dass Gegensatzpaare symmetrisch behandelt werden müssen (wie in China durch Laotse)" (Fischer 2015, S. 176).

Umso schmerzlicher war es für Pauli, als er kurz vor seinem Lebensende damit konfrontiert wurde, dass es in der Natur doch keine absolute Spiegelsymmetrie gibt. Er schrieb:

So ist also sicher,
dass Gott ein schwacher Linkshänder ist ...,
aber es ist möglich, dass Er in der linken Hand
das Positron, in der rechten Hand das (Elektron)
hält. Aber „Seine Gründe" kennen wir nicht.
Fischer 2004, S. 92

Pauli bezieht sich mit dieser Bemerkung auf einen Ausspruch Einsteins, dass die Quantenmechanik „noch nicht der wahre Jakob ist ....bin ich überzeugt, dass der Alte [gemeint ist Gott, Anm. d. Verf.] nicht würfelt" (Mann/Mann 2017, S. 93). Dies drückte Einsteins Haltung aus, der am Determinismus und Kausalitätsdenken der klassischen Physik unbedingt festhalten wollte und deshalb große Mühe mit der Quantenphysik hatte, obwohl er ja selbst wesentlich zu deren Konzeptualisierung beigetragen hatte.

Der nachfolgende Traum Paulis scheint fast wie eine Vorahnung des linkslastigen Spins zu sein, den Pauli in die quantenphysikalische Betrachtung eingeführt hat.

Es herrscht große Spannung. Viele Leute zirkulieren um ein großes Rechteck in der Mitte und vier kleine Rechtecke, die den Seiten des großen angelagert sind. Die Zirkulation geht um das große Rechteck links- und um die kleinen rechtsläufig. In der Mitte befindet sich der achtstrahlige Kern. In der Mitte der vier kleinen Rechtecke ist jeweils ein Becher mit rotem, gelben, grünem und farblosem Wasser aufgestellt. Das Wasser rotiert linksläufig. Es entsteht die ängstliche Frage, ob das Wasser wohl reiche.
Jung 1984, Traum 51, S. 202

Die Zahl Vier hatte für Pauli höchste Bedeutung im Sinne von Vollständigkeit. Die Vier gibt die Grundrichtungen im Mandala und die Acht, als Doppelvier, steht als Stern wie ein Symbol des Selbst im Zentrum. Die Bewegung linksherum wird von C. G. Jung als Bewegung vom Bewussten zum Unbewussten interpretiert.

Man könnte in dem Traum aber auch eine noch gänzlich unbewusste Vorahnung Paulis im oben angegebenen Sinne vermuten, dass – entgegen Paulis Symmetriewunsch – Gott eben doch ein schwacher Linkshänder ist. So ist die dominante Bewegung linksläufig und die weniger betonte Bewegung um die kleinen Rechtecke rechtsläufig. Die ängstliche Frage könnte sich auf eine unbewusste Angst beziehen, oder soll man Vorahnung sagen, dass die Struktur der Welt doch nicht ganz symmetrisch aufgebaut ist.

Wie es sich für einen Physiker gehört, träumte Pauli viel von Wellen und Teilchen, von Schwingungen und der Zeit. Wichtig ist dabei die symbolische Interpretation. Er sagte, seine Träume benützten oft moderne physikalische Begriffe, um psychologische Sachverhalte und Prozesse auszudrücken.

Einmal träumte er:

Ein holländischer Physiker macht Experimente über den gyromagnetischen Effekt. Manchmal ergeben sich halb-ganze und manchmal ganze Zahlen. Es ist sehr wichtig, wann das eine und wann das andere stattfindet, aber ich kann die Kriterien dafür nicht herausfinden. Je länger ich darüber nachdenke, desto mystischer wird die Atmosphäre.

Fischer 2015, S. 179

Pauli gibt sich nicht mit dem bloßen Auftauchen von halb-ganzen und ganzen Zahlen zufrieden. Diese sind Inhalt des Spins, den Pauli gefunden hat. Sondern das „Wann", die Zeitlichkeit des Auftretens ist wichtig. Der Sinn erschließt sich nur unter Beachtung der Zeit.

Und wie im obigen Zitat erwähnt, dass wir *Seine* Gründe für die Linkshändigkeit nicht kennen, so breitet sich eine mystische Atmosphäre aus, eine Atmosphäre, in der die Regeln der Kausalität nicht mehr gültig sind. Hier zeigt sich, dass letztlich das Mysterium – die fehlende Ursache und Kausalität für Quantensprünge – das in der Quantentheorie steckt, nicht erklärbar ist. Dieses Mysterium bleibt, obwohl die Quantenmechanik eine so exakte Wissenschaft ist.

Diese Gedanken und Gefühle führten Pauli dazu, mit C. G. Jung das Prinzip der Synchronizität zu entwickeln, das Prinzip akausaler Zusammenhänge und ihre Gedanken in dem Buch *Naturerklärung und Psyche* gemeinsam zu veröffentlichen.

Einer der wohl bekanntesten Träume, die zu wissenschaftlicher Erkenntnis führen, ist der des Chemikers Friedrich August Kekulé, der darüber nachforschte, in welcher Weise Kohlen- und Wasserstoffatome im Benzol miteinander verbunden sind. Die übliche Bindung in Kettenform konnte es nicht sein. Eines Abends döste er ein und träumte:

Wieder gaukelten die Atome vor meinen Augen. Kleinere Gruppen hielten sich diesmal bescheiden im Hintergrund.... Lange Reihen, vielfach dichter zusammengefügt; alles in Bewegung, schlangenartig sich win-

Wolfgang Pauli (1900-1958) (www.wikimedia.com)

dend. Und siehe, was war das? Eine der Schlangen erfasste den eigenen Schwanz und höhnisch wirbelte das Gebilde vor meinen Augen. Wie durch einen Blitzstrahl erwachte ich. Und diesmal verbrachte ich den Rest der Nacht, um die Konsequenzen der Hypothese auszuarbeiten.

Fischer 2015, S. 161 f.

Kekulé hatte die Ringstruktur des Benzols erkannt. Wir finden in diesem Traum das emotionale Erfasstsein, wie es für solche großen Träume typisch ist. Und wir finden das archetypische Bild, das uralte Symbol des Uroboros, der Schlange, die sich in den eigenen Schwanz beißt. Dies weist auf die Zusammengehörigkeit und Untrennbarkeit von Anfang und Ende hin.

Kekulé ließ sich berühren und erfassen und brachte die Naturwissenschaft ein Stück weiter und die chemische Struktur des Benzolrings ist bis heute mit seinem Namen verbunden.

Ein anderer Physiker, der in seiner Bedeutung ebenso wie Wolfgang Pauli, zu wenig wahrgenommen wird, ist der Schotte James

Clark Maxwell, der als Erster (1855) das Licht als elektromagnetische Welle interpretieren konnte. Poetisch drückte er seine Gedanken über die Numinosität des Weltgeschehens, wie wir es vielleicht heute bezeichnen würden, in einem Gedicht aus, das er *Erinnerungen an ein Traumland* nannte:

> *In uns gibt es Mächte und Gedanken,*
> *die wir nicht kennen, bis sie auftauchen*
> *mitten im Strom bewusster Handlung,*
> *von dort her, wo das Selbst im Verborgenen liegt.*
> *Wenn aber Gedanken, die kommen und gehen,*
> *Wille und Vernunft schweigen lassen,*
> *dann können wir in den geheimen Tiefen*
> *die Felsen und Wirbel aufspüren.*
> Fischer 2015, S. 164

Beim Lesen dieser Zeilen bekommen wir ein Gefühl, wie die Rationalität des wissenschaftlichen Forschens auch die komplementäre Seite von Poesie und auch der Irrationalität braucht, um den Urgrund, die Felsen und Wirbel, zu spüren und das Selbst als treibende Kraft zu verstehen.

Diesen Zusammenhang von rationaler Wissenschaft und Numinosität hat Ernst Peter Fischer in seinem Buch *Gott und der Urknall*, bezogen auf die sogenannten Maxwellgleichungen, folgendermaßen dargestellt:

**Und Gott sprach
und es ward Licht.**

$$\nabla \vec{E} = \rho$$
$$\nabla \times \vec{B} = \vec{j} + \frac{\partial \vec{E}}{\partial t}$$
$$\nabla \vec{B} = 0$$
$$\nabla \times \vec{E} = -\frac{\partial \vec{B}}{\partial t}$$

(Modifiziert nach Fischer 2017, S. 161)

Nur nebenbei bemerkt: Die großen Buchstaben bezeichnen elektrische und magnetische Felder. Die Gleichungen verbinden deren räumliche und zeitliche Veränderungen.

Der Stoff, aus dem die Träume sind, ist unser Unbewusstes, das Irrationale und das Ungewusste. Und wir erfahren manchmal bei Wissenschaftlern, die für solche Botschaften zugänglich sind, vom Traum, aus dem die Stoffe sind.

Literatur
Fischer, E. P. (2004): Brücken zum Kosmos. Lengwil: Libelle.
Fischer, E. P. (2015): Durch die Nacht. München: Siedler.
Fischer, E. P. (2017): Gott und der Urknall. Freiburg: Herder.
Jung, C. G. (1984): Grundwerk C. G. Jung. Walter: Düsseldorf.
Jung, C. G. (1952, 1972): Traumsymbole des Individuationsprozesses. In: Ges. Werke Bd. 12. Olten: Walter.
Jung, C. G./ Pauli, Wolfgang (1952): Naturerklärung und Psyche. Zürich: Rascher.
Kurthen, Martin (1989): Psychologie als Individuation. Fellbach: Bonz.
Mann, Frido/ Mann, Christine (2017): Es werde Licht. Frankfurt a.M.: Fischer.

Bernd Leibig
Facharzt für psychotherapeutische Medizin, ehem. Vorsitzender, Dozent, Lehr- und Kontrollanalytiker am C. G. Jung-Institut Stuttgart, Paartherapeut, Traumatherapeut, niedergelassen in eigener Praxis in Ammerbuch-Entringen.

Vom Alb und Albträumen

Renate Daniel

Albträume sind keine seltenen Erfahrungen; fast jeder zwanzigste Deutsche quält sich regelmäßig nachts mit ihnen herum. Sie stören unseren Seelenfrieden, weil in uns drin entsetzliche Dinge geschehen. Dabei verhindert die emotionale Wucht eines Albtraums nicht nur, dass wir ihn schnell vergessen, sondern verursacht vielfältige körperliche Stressreaktionen wie heftiges Herzklopfen, Atemnot bis hin zu Erstickungsgefühlen. Es kommt auch vor, dass wir mit einem Schrei schweißgebadet erwachen oder mit der Empfindung gelähmt zu sein. Andererseits kann uns ein Albtraum aus dem Bett treiben, weil wir wach bleiben wollen, um bloß nicht weiter zu träumen müssen.

Letzteres erlebte Wanda Poltawska im Mai 1945, nach ihrer Befreiung aus dem KZ Ravensbrück, wo sie brutale medizinische Experimente erdulden musste. Mit der ersten Nacht in Freiheit kamen Albträume, in denen ihr Peiniger, der KZ-Arzt Fritz Fischer, als fette Spinne mit Menschenkopf in seinem Netz auf Beute lauerte. Wanda Poltawska war im Traum eine Fliege, die sich in seinem Netz verheddert hatte und zusehen musste, wie die Spinne immer näher auf sie zukam. Aufgrund dieser schrecklichen Traumbilder – Täter und Opfer sind entmenschlicht – fürchtete sie sich zunehmend vor dem Schlafengehen, mied ihr Bett und griff in ihrer Verzweiflung zu Bleistift und Papier. Erst nachdem sie alle schlimmen Erinnerungen aus dem Lagerleben niedergeschrieben hatte, blieben die Albträume aus.

Die heilsame Bedeutung der Sprache angesichts von Albträumen verweist auf den alten Mythos vom griechischen Naturgott Pan, der in der Antike nicht nur als der Erreger von Panik, sondern auch als Verursacher von Albträumen

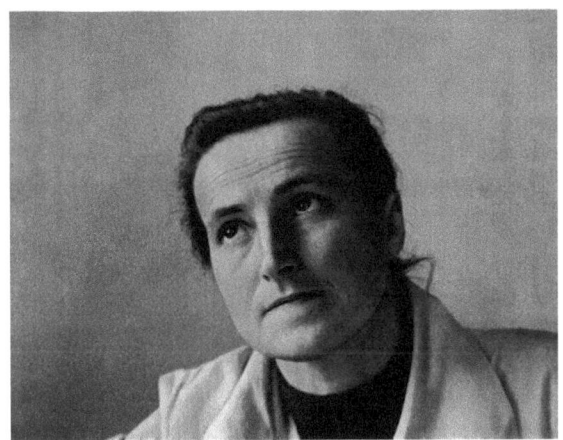

Wanda Półtawska, polnische Psychiaterin, 1963 (www.wikimedia.org) Ihr Buch *Und ich fürchte meine Träume* erschien 1961.

galt. Pan soll in der schwülen Mittagshitze den Menschen, die im Schatten Schutz und Ruhe suchten, einen unruhigen Schlaf mit wollüstigen oder furchterregenden Träumen geschickt haben. Als Mischwesen war Pan halb Mensch und halb Ziegenbock. Körper und Gesicht waren menschlich, aber er ging auf zwei Ziegenfüßen und trug zwei Hörner. Die struppigen Haare und sein zerzauster Bart betonten seine Wildheit.

Pan als mythisches Bild kann uns Hinweise zum Ursprung von Panik und Albträumen geben. Er liebte die Natur in ihrem ursprünglichen, wilden Zustand. Sobald Pan in der Nähe von kultivierten Feldern und zivilisierten menschlichen Siedlungen auftauchte, reagierten die Menschen verstört und panisch. Dabei war Pan kein böswilliger Kobold oder Feind der Kultur. Er bekämpfte sie nicht, sondern sie war ihm schlicht und einfach fremd. Menschliche Panik wurzelt also im Gewahrwerden von ungezügelten Naturkräften, wie sie vor jeder menschlichen Kultur existiert haben und wie sie bis heute neben jeder Kultur weiter existieren. Erst Kultur und Zivilisation haben uns Menschen ein Stück weit von diesem Ausgeliefertsein befreit, und zwar sowohl im Hinblick auf die uns umgebende äußere Natur als auch im Hinblick auf unsere innerseelischen und autonomen körperlichen Prozesse. Durch Technik und Kultur werden wir zunehmend unabhängiger von den natürlichen Gesetzen.

Pan verfolgt Syrinx. P. P. Rubens und J. Breughel der Jüngere. Erste Hälfte 17. Jhdt. (www.wikimedia.org)

Doch wenn Pan den alten Griechen erschienen ist, dann wurden sie daran erinnert, dass die menschengeschaffene Ordnung und Kultur fragil ist. Deutlich wurde das auch an der Sexualität, die Pan ungezügelt, frei und rücksichtslos ausgelebt hat. Moralische Gebote oder eheliche Treue, die in Kulturen gelten, bedeuteten ihm gar nichts. So verwundert es nicht, dass Pan am Ende des Mittelalters zur Vorlage für das Bild des Teufels wurde. Sowohl der Teufel als auch Pan werden mit Hörnern und Ziegenfuß dargestellt. Beide lieben Lust, Geilheit und Begierde. Das fasziniert Menschen, verängstigt aber auch. Psychologisch könnte man sagen, dass alles, was in einer Gesellschaft jeweils verteufelt wird, Lust schafft und sich der Kontrolle entzieht, auch Panik wecken oder Albträume auslösen kann. Panik und Albträume konfrontieren uns mit archaischen, wilden Trieben, Leidenschaften oder dunklen Schattenseiten.

Was die hilfreiche Wirkung der Sprache anbelangt, lohnt sich ein Blick auf den homerischen Hymnus von Pan, der erzählt, dass der Götterbote Hermes mit der schönen Nymphe Dryope den Pan gezeugt hat. Als die Mutter nach der Geburt ihr Neugeborenes mit seinen Ziegenfüßen, den Hörnern und dem bärtigen Gesicht zum ersten Mal erblickte, soll sie panisch davongerannt sein und ihren Sohn im Stich gelassen haben.

Diese mythischen Bilder decken sich mit Ergebnissen der neurobiologischen Forschungen, denn gemäß Jaak Panksepp entsteht Panik höchstwahrscheinlich durch den Verlust von Bindung und Geborgenheit. Panik entsteht, wenn wir uns existenziell verlassen oder ungeschützt oder verloren erleben. Psychisch ähneln wir in der Panik einem hilflosen Kind, dem eine fürsorgliche Mutter fehlt. Und das gilt auch für viele Albträume. In Albtraumszenen erleben wir uns häufig nicht nur bedroht, sondern auch allein gelassen und überfordert. Wir sind nicht geborgen – weder durch andere noch in uns selbst.

Diese neurobiologischen Erkenntnisse entsprechen dem Mutterproblem von Pan. Trennung, Verlorenheit und Ohnmacht sind Situationen, in denen Albträume entstehen können. Im Mythos wäre Pan verloren gewesen, wenn ihn sein Vater Hermes nicht liebevoll umsorgt hätte. Und da Hermes als Erfinder der Sprache gilt, könnte hier die Wichtigkeit der Sprache im Umgang mit Albträumen und Panik durchschimmern: Sprache ist eine wichtige Ressource im Umgang mit Albträumen. Wenn es uns nämlich gelingt, schreckliche Erfahrungen in der Wach- oder Traumwelt in Sprache zu fassen, kann sich etwas verändern. Wer Albträume erzählt oder aufschreibt, wird häufig erleben, dass sich der Aufruhr der Seele beruhigt. Sprache als Kulturinstrument ermöglicht, das Schreckliche ein Stück weit zu greifen, es mitzuteilen – dadurch zu teilen – und vor allem auch zu bezeugen.

Einige Neurobiologen gehen davon aus, dass wir vor allem träumen, um unsere Probleme zu lösen oder neue Ideen zu entwickeln. Träumen wäre demnach ein sehr kreativer psychischer Prozess, der vielleicht schon 150 Millionen Jahre alt ist. Solange bevölkern nämlich die Säugetiere die Erde und aus evolutionsbiologischer Perspektive würde das Träumen kaum über so lange Zeiträume bestehen, wenn es keinen Vorteil für das Überleben der Art und die Anpassung an die Welt hätte.

Doch können uns Albträume mit ihrem Schrecken wirklich weiterhelfen? Davon weiß bereits das Alte Testament. Im Traum beobachtet der Pharao, wie sieben fette Kühe aus dem Nil steigen und im Gras weiden. Kurze Zeit später steigen sieben magere Kühe aus dem Nil, fressen die prächtigen Kühe, bleiben aber ausgezehrt und hässlich. In der darauffolgenden Traumszene muss der Pharao mitansehen, wie sieben ausgedörrte Ähren sieben vollgefüllte Ähren verschlingen und trotzdem kümmerlich bleiben.

Diese Traumbilder beunruhigen den mächtigen Herrscher sehr, und weil er sie verstehen will, ruft er nach dem Traumdeuter Joseph. Diesem gelingt es, eine Brücke zwischen Traumwelt und Wachwelt zu bauen, weil er die metaphorische Sprache der Träume übersetzen kann. Joseph erklärt, dass sich die beiden Traumteile strukturell und inhaltlich gleichen. Zunächst ist Fülle und Wohlstand zu sehen, in der Tiere und Pflanzen prächtig gedeihen. Anschließend zeigt sich das Leben von der armen Seite; Tiere und Pflanzen sind stark abgemagert.

Doch diese Gegensätze stehen sich nicht einfach ruhig gegenüber. Das Ausgezehrte vernichtet den ursprünglich da gewesenen Wohlstand vollständig. Am Ende bleibt nichts übrig außer Not und Elend – ein Albtraum, der laut Joseph auf den zyklischen Wirtschaftsprozess des Landes verweist.

Nach sieben Jahren des Überflusses werden sieben Jahre der Hungersnot über das Land ziehen und vom ursprünglichen Wohlstand rein gar nichts übrig lassen. Die Traumbilder sind für Joseph kein hinzunehmendes Schicksal, sondern Vorahnung einer Gefahr, mit der es klug umzugehen gilt. Er empfiehlt dem Pharao, in den Jahren des Wohlstandes Steuern zu erheben, um die Kornkammern für die Jahre des Hungers aufzufüllen. Diese Idee überzeugte den Pharao, und die in den fetten Jahren gesammelten Getreidereserven standen zur Verfügung, als Jahre später tatsächlich eine Hungersnot ausbrach. Der Albtraum des Pharaos hat also zu einer richtungweisenden Entscheidung geführt: Ohne den Traum hätte er wahrscheinlich keine Vorsichtsmaß-

Johann Heinrich Füssli (1741-1825): Albtraum, Freies Deutsches Hochstift, Goethehaus, Frankfurt (www.wikimedia.org)

nahmen für die Zukunft getroffen, sondern erwartet, dass Wachstum und Wohlstand einfach bestehen bleiben.

Einen Albtraum können wir also als aufrüttelnde Frage betrachten, bei der es darum geht, eine passende Antwort zu finden. Sobald sich der erste Schock gelegt hat, können wir uns fragen: „Wieso träume ich derart Furchtbares? Was hat das mit meinem Leben und meine Beziehungen zu tun?" Wenn wir wagen, uns bewusst mit dem Gefährlichen auseinanderzusetzen, bleiben wir selten ohnmächtig zurück, sondern entdecken Ressourcen oder erkennen, welche Haltung oder Handlung angemessen ist. So erkannte eine junge Frau nach folgendem Traum, dass sie sich vielleicht zu sehr in Sicherheit gewähnt hatte:

Ich bin unterwegs im Bus. Dieser fährt ganz nah an das Meer heran, die Wellen sind stark und kommen in die Nähe des Busses. Manche Insassen sind beunruhigt, ich habe aber das Gefühl, der Busfahrer weiß, was er macht. Die Wellen laufen unter dem Bus durch, das Meer ist unberechenbar, plötzlich steht mir das Wasser bis zum Hals, ich bekomme keine Luft, wache in Panik auf, hole tief Luft.

Die Träumerin vertraut dem Busfahrer und geht wie wohl jede Busreisende davon aus, dass dieser kompetent und umsichtig fährt. Sie schätzt ihn aber falsch ein, und er scheint das Meer zu unterschätzen. Wenn die Träumerin den Busfahrer als einen inneren Persönlichkeitsanteil versteht, dann geht es wahrscheinlich darum, dass sie sich von etwas chauffieren lässt, das zu wenig Respekt vor der Gewalt des Meeres hat.

In der Realität hatte sie eine Affäre, von der ihr eifersüchtiger Mann auf keinen Fall etwas erfahren durfte. Er wäre in seinem Jähzorn zu allem fähig, weshalb sie ihre Liebschaft sehr umsichtig und geschickt verheimlichte. Die Träumerin fühlte sich in ihrer Dreiecksbeziehung wohl und wollte daran nichts ändern. Aufgerüttelt durch den Albtraum fragte sie sich

nun, ob sie eine Bedrohung nicht wahrhaben, nicht wahrnehmen wollte. Die Lösung, auf die der Traum hinweist, wäre: Angesichts der Luftnot nnehalten, tief durchschnaufen, noch mal genau hinschauen und hinspüren.

Dieser Traum erinnert daran, dass in früheren Zeiten ein Dämon, der sich dem schlafenden Menschen auf die Brust setzt, als Verursacher der Luftnot beim Albtraum galt. Im deutschen Sprachraum hieß dieses Wesen Alp oder Alb und in den Niederlanden Mahr. Beide Begriffe sind bis heute als Bestandteil des deutschen Wortes Albtraum und des englischen Begriffs *nightmare* im Wortschatz verankert.

Aufgegriffen hat das der Schweizer Künstler Johann H. Füssli in seinem Bild *Der Nachtalp*. Gezeigt wird eine schöne junge Frau, die auf dem Rücken und mit ausgestreckten Armen auf einem Sofa liegt. Sie trägt ein zartes cremefarbenes Négligé. Sie scheint zu schlafen. Eine erotische Spannung liegt in der Luft. Auf ihrem Oberkörper hockt ein behaartes, gnomartiges Wesen. Die beiden sind nicht alleine, sondern werden von einem Pferd mit eindringlich glasigen Augen beobachtet. Das Grauen des Albtraums hat mit dem Animalischen zu tun.

Renate Daniel
Dr. Renate Daniel, Ärztin für Psychiatrie, Psychotherapie und Psychoanalyse (C.G. Jung), Lehranalytikerin und Supervsiorin am C.G. Jung-Institut Zürich, Autorin.

Der Tod im Traum

Verena Kast

Träume vom möglicherweise drohenden Tod, vom Sterben, aber auch von Verstorbenen werden als besonders bedeutsam erlebt, umgeben von einer Atmosphäre der Endgültigkeit, damit aber auch des „Gültigen", dessen, was wesentlich und gültig ist. Die äußerste existenzielle Situation, die im Tod sich zeigt, vermittelt sich auch dem Erleben von Träumen, in denen er eine Rolle spielt.

Der Tod des Anderen

Sagen uns die Träume den Tod eines mit uns nah verbundenen Menschen voraus? Sind Träume prospektiv? Immer wieder hört man Traumgeschichten, die den Tod eines nahen Menschen erahnen lassen. Aber sicher kann man sich erst sein, nachdem das Ereignis eingetreten ist.

Stirbt mein Vater?

Eine 46jährige Frau träumt:

Ich rufe meinen Vater an. Wir sprechen angeregt miteinander. Plötzlich ist seine Stimme weg! Ich rufe – wie man es halt tut, wenn plötzlich ein Telefongespräch unterbrochen ist, – nichts mehr. Ich hänge auf, rufe wieder an. Nichts. Ich werde immer ängstlicher im Traum und wache aufgeregt auf.

Die Träumerin fragt sich, ob das jetzt ein Traum ist, der den Tod ihres Vaters ankündigt, und ruft höchst alarmiert ihre Schwester an, die näher beim Vater wohnt. Diese geht in der Nacht zum Haus des Vaters, der wohlauf ist und der die Tochter darauf hinweist, es sei Zeit, dass sich die beiden Ge-

danken darüber machen, dass er gelegentlich sterben könnte. Das sei aber kein Grund, ihn aus dem Schlaf zu holen, ihn zu erschrecken.

Die Träumerin hat ihren Traum als einen Wahrtraum verstanden, als einen Traum, der sie darauf aufmerksam macht, dass die Verbindung zum Vater abgebrochen ist, was große Angst auslöst. „Todesangst", sagte sie. Angst vor dem Tod des Vaters oder eigene To-

Foto: WAYHOME studio (www.shutterstock.com)

desangst? Sie, und ihre Schwester, verstehen den Traum und die Angst als einen Hinweis auf den möglichen Tod ihres Vaters – in Anbetracht des bald 80jährigen Vaters verständlich. Der Vater hat allerdings ein etwas anderes Traumverständnis: Die beiden sollen sich mit seinem möglichen Tod auseinandersetzen. Er regt an, sich mit der eigenen Angst auseinanderzusetzen vor der unabweisbaren Veränderung in ihrem Leben, wenn der Vater wirklich stirbt.

Symbole der Katastrophe

Der Tod eines anderen Menschen kann durch eine Naturkatastrophe angekündigt werden. Auch wenn diese Träume in der Regel von einer starken Emotion begleitet sind, das Bild der Katastrophe geradezu diese eine Emotion, die mit dem Traum verbunden ist, abbildet: Es kann um den Tod eines anderen gehen, aber auch um einen großen Umbruch im eigenen Leben. Etwas den Träumer Überwältigendes kündigt sich an.

Der stämmige Baum bricht

Ein 39jähriger Mann träumt:

Ich bin im Wald, es tobt ein Sturm (wie vor Kurzem real), plötzlich schwanken die Bäume, brechen, besonders ein großer, stämmiger Baum bricht – ich bin in großer Gefahr, voll Angst. Erwache."

Der Mann beschreibt seine Emotion als „Katastrophenangst", irgendeine Katastrophe wird eintreten. Besonders erschreckend für ihn war, dass auch der große, stämmige Baum bricht.

Er spricht von dem heftigen realen Sturm, den er erlebt hatte, der ihm eher im Nachhinein einen Schrecken eingejagt hatte. So war der Traum aber nicht – „was eigentlich so fest ist, kann zerbrechen" – seine Konklusion. Und seine Frage: Stirbt sein Bruder, der Stammhalter? (Der Vater war bereits vor längerer Zeit gestorben.) Kein ihm naher Mensch stirbt. Der Träumer setzt sich in Bezug auf sich selber mit der Symbolik und der Emotion des Traumes auseinander. Verbunden mit der großen Angst

im Traum wird er sich bewusst, wie vulnerabel er sich fühlt. Er muss sein Lebenskonzept verändern: Ein Mann ein Baum, ja – aber auch Bäume können brechen, und mit Stürmen ist immer einmal zu rechnen.

Bäume knicken wie Zündhölzer

Ein vergleichbarer Traum, eine andere Bedeutung – eine 26jährige Frau träumt:

Ich bin im Wald, ein Sturm tobt – ich suche Schutz, finde keinen, die Bäume knicken um wie Zündhölzer – es ist wie ein Weltuntergang – ich habe Todesangst und erwache.

Die Träumerin überlegt, was für sie der Weltuntergang wäre. Der Tod ihres Babys, zum Beispiel, der Tod ihres Partners. Nein, sie lässt ihre Liebsten nicht sterben aufgrund eines Traumes. Die Todesangst und die sich daraus ergebende Notwenigkeit, Schutz zu suchen, das scheint ihr jetzt vorrangig zu sein – etwas wird geschehen, davon war sie überzeugt. Und es geschah wirklich eine Katastrophe: Etwa 14 Tage nach diesem Traum starben ihre Eltern bei einem Flugzeugabsturz. Was hat der Traum gewusst?

Können Träume das Sterben von uns nahen Menschen ankündigen? Sind Träume doch prospektiv? Träume wiederholen ja nicht einfach emotionale Schwierigkeiten und Erkenntnisse, sie schaffen auch neue Zusammenhänge, sind kreativ, bilden Ahnungen ab. Aber: Vermögen sie deutlich die Zukunft vorauszusagen?

Die Uhr kann jederzeit ausklinken

Eine Frau, 64 Jahre, träumt:

Am Ende einer Wand sehe ich die Rückwand eines alten Möbels, Klaviers oder Sekretärs. Ich gehe um das Möbel herum, auf der Rückseite befindet sich eine Uhr. Sie hat ein ganz spezielles Uhrwerk: Ein dünner weißer gespannter Bogen ist durch eine abgewinkelte lange dünne Spitze, die aussieht wie eine Sense, oben an der Möbelrückseite eingehakt. An der Rückwand selber ist ein

*weißer Zeiger, den ich nicht deutlich in Erin-
nerung habe. Die gespannte, weiße Sense,
unheimlich, eine Uhr, die Zeit vom Tod dirigiert: gespannt wie eine Feder, die jederzeit
ausklinken kann.*

Der Traum faszinierte sie, war ihr unheimlich,
wie eingemeißelt in die Erinnerung, bedeutsam. Sie erzählte diesen Traum etwa ein hal-
bes Jahr, nachdem sie ihn geträumt hatte,
in einem Traumworkshop und fügte an: Der
Traum habe sie am 5./6. 8. geträumt, ihre Mut-

Foto: Elena Schweitzer (www.shutterstock.com)

ter sei am 27.8. des gleichen Jahres unerwar-
tet gestorben.

Natürlich bringt man bei dieser Information
den Traum und das Todesereignis miteinander in Verbindung. Dennoch meine ich, dass
Träume solche Ereignisse nicht vorhersagen.
Erst, wenn im Leben etwas Entsprechendes
zu einem bedeutsamen Traum eingetroffen ist,
dann stellen wir die Verbindung her und erschrecken: Was weiß denn unser Unbewusstes? Dieser Traum macht die Aussage: Die
Zeit ist vom Tod „dirigiert" – und der Tod be-
misst ja auch unsere Zeit – und das technische
Konstrukt „Uhr" im Traum kann sich jederzeit
ausklinken. Dann ist die Zeit abgelaufen. Das
hätte auch für die Träumerin gelten können,
zumindest wirkt der Traum als **Memento mori**.

Auch wenn erstaunliche, berührende Über-
einstimmungen zwischen Traum und Wachle-
ben immer einmal vorkommen, halte ich die
Träume nicht für prospektiv im präzisen Sinn.
Sie geben Entwicklungslinien an, Anreize zum
Nachdenken über das Leben, hier sicher das
Nachdenken über den Tod, aber sie sagen
nicht präzise voraus.

Der eigene Tod
Das Wichtigste fehlt noch. Eine 70jährige Frau
träumt:

> *Ich bin in einer hügeligen Landschaft,
> stehe an einem Brunnen. Da sagt jemand:
> „Du wirst jetzt sterben." Ich weiß, dass das
> stimmt, und schluchze intensiv. Ich weine
> und weine – und dann sagt mir jemand,
> ich sei so traurig, weil ich das Wichtigste
> im Leben vergessen hätte. Ich höre auf zu
> schluchzen, setze mich auf den Brunnen-
> rand und will wissen, was denn das Wich-
> tigste sei. Aber niemand antwortet.*

„Ich habe wirklich um den Verlust des Lebens
geweint, meine ich – es war mir ganz elend zu-
mute, ich hatte echt geweint, mein Kopfkis-
sen war feucht. Ich dachte auch, ich müsse
wirklich sterben. Aber das denke ich jetzt nicht
mehr: Ich muss herausfinden, was denn das
Wichtigste ist, was ich vergessen habe.

traum

Foto: Fat Jackey (www.shutterstock.com)

Es muss mit Wasser etwas zu tun haben – ich sitze am Brunnen. Am Brunnen vor dem Tore... der Lindenbaum..." und so verknüpften sich die Bilder des Traumes mit Bildern aus ihrem Leben – auf der Suche nach dem für sie verpassten „Wichtigsten" im Leben.

Und manchmal auch einfach „ins Leben hinein sterben"

Ein 30-jähriger Mann träumt:

Ich lag in meinem Bett. Die ganze Familie war um mich versammelt. Ich dachte mir: Ich werde wohl sterben. Ich schaute zu, wie ich starb. Ich fühlte, wie das Blut aus meinem Gesicht wich und wie alle um mich herum zu schluchzen anfingen. So ist es also, dachte ich – und war befriedigt über die Trauerreaktion der Familie. Plötzlich sah ich, dass ich auch am Bett stand, in meiner Cordhose, die meiner Mutter so fremd ist, und dass ich selber zuschaute, wie ich starb. Ich wurde ganz verwirrt, begann zu weinen und wachte auf.

Interessant ist, dass das Traum-Ich verdoppelt ist: Das eine stirbt, das andere Traum-Ich in der Cordhose aber sieht diesem Sterben zu. Die Cordhose gibt es auch in Realität und die Mutter mag sie nicht, findet sie unpassend für sein Alter, er aber findet sie gerade wirklich sehr passend für sein Alter. Auch wenn er seinen Abgang inszeniert, der Tod ist schmerzhaft. Die Ablösung von der Gebundenheit an die Familie, vor allem auch an die Mutter, was in diesem Traum angekündigt war, ist mit Trauer und Verwirrung verbunden. Der Traum braucht das Symbol des Sterbens ins Leben hinein für diesen schwierigen Lebensübergang.

Und die Verstorbenen in unseren Träumen, die Toten

Wir können von den Verstorbenen träumen, sogar von längst Verstorbenen, die wir an Alter unterdessen überholt haben.

Der Verlust eines mit uns verbundenen Menschen ist ein emotional bedeutender Einschnitt im Leben und eine uns emotional herausfordernde Aufgabe: Im Trauerprozess sich so vom verstorbenen Menschen abzulösen, dass das, was durch den verstorbenen Menschen in einem geweckt worden ist, vom Beziehungsselbst ins eigene Selbst überführt werden kann, sodass man nicht opfern muss, was ein geliebter Mensch in uns berührt, geweckt hat.

Träume im Zusammenhang mit dem Trauern können den Trauerprozess anregen und befördern. In diesem Zusammenhang erscheint auch immer einmal wieder der verstorbene Mensch im Traum: als der kranke Mensch oder der verunglückte Mensch zu Beginn des Trauerprozesses, als der Mensch, der sich entfernt und dem Trauernden bedeutet, er möge sich jetzt wieder anderen Menschen zuwenden, gegen Ende des Trauerprozesses.

Träume sind hilfreich im Trauerprozess, begleiten den Prozess. Zum einen werden durch die Träume die Erinnerungen an den Verstorbenen in einer präzisen Weise wach, die zeigen, was denn das Leben mit diesem Menschen ausgemacht hat, was durch die Beziehung zu diesem Menschen in einem selbst belebt worden ist. Diese meist freudigen Erfahrungen, die einem die Überzeugung geben, dass der tote Mensch ja noch lebt, stehen hart neben der bitteren Erfahrung im Wachen, dass es diesen Menschen unwiederbringlich nicht mehr gibt.

Es gibt eine eigentümliche, regelhafte Beobachtung im Zusammenhang mit unseren Toten in den Träumen. Jahre nach dem Verlust, nachdem ein Trauerprozess durchlaufen ist, erscheinen die Verstorbenen in den Träumen *im besten Alter* - was immer das jeweils ist - gesund, nicht alt, nicht jung, voll Lebenskraft.

Anbauen

Ein 50jähriger Mann, der seine Partnerin durch einen Autounfall verloren hatte und der sehr schwer mit der neuen Lebenssituation zurechtkam, träumte nach zwei Jahren Therapie:

Ich habe wieder von Karin geträumt. Dieses Mal sah sie ganz gesund aus, war voll Energie. Sie trug die Wildlederjacke, die sie immer so gern getragen hat und die ihr so gut gestanden hat. Bei ihr war unsere Architektin, und die beiden hatten offenbar Pläne, die wollten anbauen. Es war eine angenehme, anregende Atmosphäre. Ich hatte nicht direkt etwas mit den beiden zu tun, aber das, was sie planten, das war für mich.

Dem Träumer war wichtig, dass seine Frau nun zum ersten Mal „ganz gesund" im Traum erschien. Für ihn war es ein Hinweis darauf, dass sie jetzt auch in seiner Innenwelt wieder „gesund" war, dass er offenbar den Trauerprozess – soweit das möglich ist – einigermaßen bestanden hat. Er meinte, jetzt auch mit dankbarer Wehmut an sie denken zu können und nicht mehr mit der abgrundtiefen Trauer. Wichtig war ihm, dass die Frauen in seinem Traum „anbauen" wollten, seinen Lebensraum vergrößern, Zimmer für neue Menschen, meinte er. Aber noch ist erst geplant.

Auch wenn sie gestorben sind, in den Träumen sind sie immer noch anwesend – und gar nicht selten haben sie wie in diesem Traum Vorschläge für ein Leben in der Zukunft, manchmal auch für ein lebendigeres Leben.

Literatur
Kast, V. (1982, ergänzte Ausgabe 2013): Trauern. Phasen und Chancen des psychischen Prozesses. Freiburg, Kreuz in Herder.
Kast, V. (2012): Träume. Die geheimnisvolle Sprache des Unbewussten. Düsseldorf Patmos.

Verena Kast
Verena Kast, Jahrgang 1943, studierte Psychologie, Philosophie und Literatur und promovierte in Jungscher Psychologie. Sie war Professorin für Psychologie an der Universität Zürich, Dozentin und Lehranalytikerin am dortigen C. G. Jung-Institut und Psychotherapeutin in eigener Praxis. Seit April 2014 ist sie Präsidentin des C. G. Jung-Instituts Zürich, Küsnacht.

Bild aus dem Archiv von Petra Kullmann

*Das Leben ist vertrocknet und gehemmt und verlangt infolgedessen nach der
Auffindung der Quelle. Die Quelle aber kann nicht aufgefunden werden, wenn
sich das Bewußtsein nicht dazu bequemt, ins «Kinderland» zurückzukehren, um
dort, wie früher, die Weisungen vom Unbewußten zu empfangen. [...]*

*Mit einem bloß intellektuellen Wissen ist es dabei nicht getan, sondern wirksam ist
nur eine Wiedererinnerung, die zugleich ein Wiedererleben ist. Vieles bleibt wegen
des raschen Flusses der Jahre und des überwältigenden Einströmens der eben
entdeckten Welt unerledigt zurück. Davon hat man sich nicht befreit, sondern bloß
entfernt. Kehrt man also aus späteren Jahren wieder zur Kindheitserinnerung
zurück, so findet man dort noch lebendige Stücke der eigenen Persönlichkeit, die
sich umklammernd an einen anschließen und einen mit dem Gefühl der früheren
Jahre wieder durchströmen. Jene Stücke sind aber noch im Kindheitszustand und
deshalb stark und unmittelbar.*

C. G. Jung, GW 12, § 74, § 81

Kinderträume in der psycho-therapeutischen Behandlung

Petra Kullmann

Der Traum ist ein natürliches Phänomen,
das keiner Absicht entspringt und mit keiner Psy-
chologie des Bewusstseins erklärt werden kann.
Hopf 2007, S. 31

Kinderträume spielen in der psychoanalytischen Arbeit schon früh eine Rolle. Freud und Jung beschäftigten sich mit den Träumen ihrer Kinder wie auch mit Träumen von Kindern, die Eltern ihnen berichteten (vgl. Freud: Der kleine Hans) und mit den Träumen, die Erwachsene aus ihrer Kindheit erinnern (Jung: Seminare zu Kinderträumen ab Mitte der Dreißigerjahre).

C. G. Jung berichtet in seiner Autobiografie zudem eigene große Träume aus seiner Kindheit und Jugend und bezieht sie auf sein weiteres Leben. Den ersten Traum, den er erinnert, – im Mittelpunkt stand ein phallisches Wesen, dessen Bedeutung ihn auch im späteren Leben beschäftigte – hatte er im Alter von vier Jahren. Er kommentierte:

Im Traum stieg ich hinunter in die Höhle und
fand dort ein anderes Wesen auf dem goldenen
Thron, unmenschlich, unterweltlich, und es blickte
unverwandt nach oben und nährte sich von
Menschenfleisch. Erst volle fünfzig Jahre später
brannte mir die Stelle aus einem Kommentar über
religiöse Riten in die Augen, in welchem vom an-
thropophagischen Grundmotiv im Abendmahls-
symbolismus die Rede ist. [...] Damals [im Alter
von vier Jahren, Anm. d. Verf.] hat mein geistiges
Leben seinen unbewußten Anfang genommen.
Jung, Jaffe 1971, S. 20 f.

Die Kindertraumseminare Jungs, die aus Mitschriften erhalten sind, zeigen beispielhaft,

wie Jung selber mit Träumen arbeitete. Im Mittelpunkt der Traumarbeit steht dabei die Amplifikation, die er als besonders geeignet für die Arbeit mit den erinnerten Kinderträumen hielt, weil das Ich-Bewusstsein des Kindes noch näher verbunden ist mit dem Unbewussten und mit seinen bildhaft-symbolischen Äußerungsformen.

Auch die bei Träumen von Jung häufig beobachtete Struktur des klassischen Dramas mit Einleitung, Exposition des Themas, Verwicklung bis zum Höhepunkt und dem Ende in einer Katastrophe oder in einer Lysis kann in Kinderträumen häufig beobachtet werden.

Kinder- und Jugendlichenpsychotherapeuten arbeiten in ihrer Praxis meist mit den Träumen, die Kinder bzw. Jugendliche selbst berichten. Dabei fällt u.a. auf, dass deren Träume im Gegensatz zu Erwachsenenträumen meist kurz, kohärent und verdichtet erzählt werden. Die Übergänge zwischen Traumbericht und Fantasie sind manchmal fließend, oftmals ist nicht klar, an welchen Stellen dazu gedichtet wurde. Das hängt natürlich mit der kognitiven und emotionalen Reifung und Entwicklung des Kindes zusammen.

Hans Hopf (2007) fasst zusammen, welche Erkenntnisse in der praktischen Arbeit mit Träumen von Kindern und Jugendlichen gewonnen werden können, wenn Therapeuten sich von den Aspekten der modernen psychodynamischen Sichtweisen leiten lassen.

Er stellt verschiedene Deutungskriterien in den Mittelpunkt seiner Betrachtungen und nennt als besonders wichtig:
- Grundstimmung des Traumes
- Wünsche und Ängste, die Ausdruck finden

traum

- Deutung auf der Subjekt- und Objektstufe
- Vorhandene Ressourcen
- Ausdruck des Übertragungsgeschehens
- Symboldeutung
- Abwehrmechanismen
- Kompensatorische Funktion
- Ich-Organisation und Neurosenstruktur

Nachfolgend soll die therapeutische Arbeit mit Träumen von Kindern beispielhaft dargestellt werden. Ich wähle dazu zwei Träume eines neunjährigen Mädchens etwa in der Mitte ihres Prozesses aus.

Angst und Aggressionen im Traum einer Neunjährigen – Traum 1

Ein neunjährigen Mädchen mit Migrationshintergrund berichtete zu Beginn der mittleren Therapiephase einen Angsttraum, der die Struktur eines kleinen verdichteten „Dramas" aufwies. Die Arbeit mit dem Traum konnte im therapeutischen Prozess genutzt werden, um Ängste und Aggressionen des Mädchens zu bearbeiten, und wirkte dadurch Ich-stärkend. Vorausgeschicken möchte ich aus der Geschichte des KIndes: Die Mutter hatte häusliche Gewalt erfahren, auf die Trennung der Eltern reagierte das Mädchen mit aggressiven Durchbrüchen und Konzentrationsstörungen. Ihr wurde eine parentifizierende Rolle zugewiesen, in ihrer Aggressivität wurde sie mit dem Vater verglichen. Der Traum:

Ein schleimiges grünes Monster wollte mich entführen, da habe ich mich mit einem Stuhl gewehrt. Das Monster ist hinter der Heizung verschwunden, da kam die Mama rein und fragte, was denn hier los wäre. Dann ist das Monster wieder hinter der Heizung vorgekommen und die Mama hat Angst bekommen. Da kamen aber plötzlich die Cousine und die Tante rein, gemeinsam haben wir das Monster besiegt und in den Müll geworfen!

In der Einleitung zeigen sich die Protagonisten des Traumes, sowie der angstbesetzte Aggressionskomplex, den das Mädchen im Ge-

spräch als männliches Monster bezeichnete, in der Erscheinung einer nicht konkret fassbaren „schleimigen" Masse. Das Thema der wiederkehrenden früheren Bedrohung wird hier vom Unbewussten aufgeworfen. Es wird eine kurze Verwicklung deutlich, die sich bis zum Höhepunkt steigert und in einer plötzlichen Lösung endet.

Die Gesamtstimmung im Traum wurde als große Angst vor dem Monster beschrieben, Erleichterung stellte sich nach dem Aufwachen über das positive Ende ein.

Verfolgungsängste, Ängste vor der früheren Bedrohung durch häusliche Gewalt wurden deutlich. Das Männlich-Aggressive, das als monsterhaft-väterliche Seite erscheint, wird von der starken weiblichen Seite letztendlich besiegt. Im realen Geschehen, objektstufig betrachtet, war der Vater im häuslichen Bereich öfters gewalttätig; nach einer arrangierten Ehe zeigten sich schon innerhalb des zweiten Jahres zahlreiche Konflikte. Der Traum weist somit auch Parallelen zu früheren Bedingungen auf.

Der Traum weist auch auf die Qualität der Übertragung des Mädchen mir gegenüber hin: Sie hatte mich zum damaligen Zeitpunkt als hilfreiches Objekt idealisiert, wir hatten uns schon seit geraumer Zeit mit ängstigenden Situationen beschäftigt, in denen auch aggressive Tendenzen spürbar wurden, die sie im Spiel als Probehandlungen bewältigte, was zu einer Ich-Stärkung führte.

Auf der Objektbeziehungsebene liefert der Traum gefühlsmäßige Komponenten zu den Beziehungspersonen: Sie wünscht sich Unterstützung von der Mutter und dem weiblichen Kollektiv in der Regulierung von bedrohlichen Aggressionen. Zu diesem Zeitpunkt fühlte sie sich offensichtlich in der starken weiblichen Gemeinschaft geborgen.

Auf der Subjektstufe könnten die verschiedenen Persönlichkeitsanteile in Beziehung mit den Traumelementen des Träumers deutlich werden. Das kindliche Ich benötigt innerpsychisch noch die stärkenden Persönlichkeitsanteile des Erwachsenen-Ichs und des weiblichen Kollektivs und identifiziert sich mit diesen. Unbewusst werden hier aber auch subjektstufig Ängste vor der Identifikation mit dem Aggressionskomplex deutlich. In der Frage, was sie sich vorstellen könnte, was das Monster von ihr will, bzw. was es ihr sagen könnte, meinte das Mädchen: „Ich nehme dich mit!", und sagt, es will sie selbst zum schleimigen Monster machen.

Für ein erweiterndes Verstehen ließ ich den Traum bildnerisch gestalten. Die Farbe Grün dominiert, hier zeigt sich noch mal deutlich, wie die gesamte (Angst)-Atmosphäre des Monsters auf die Beteiligten wirkt, es greift in den gesamten psychischen Raum ein. Der Abwehrmechanismus der Identifikation mit dem Aggressor wird in der oben erwähnten Aussage („will mich selbst zum schleimigen Monster machen") und der ähnlichen Gestaltung des Mundes des Monsters und des Mädchens deutlich.

Im bildnerischen Gestalten des Angsttraums entstand auch eine „Bannung" des Angstkomplexes, der sich symbolisch in Form eines „schleimigen", nicht ganz greifbaren Monsters zeigt. Als therapeutisch wirksam hat sich hier schon das erneute Durchleben der angsteinflößenden Erfahrung und deren Überwindung gezeigt.

Kompensatorisch weist der Traum auf etwas hin, zu dem sie allein noch nicht in der Lage ist: die Regulierung von Angst bzw. Aggressionen. Der Traum nimmt die anstehende Entwicklung prospektiv bereits vorweg, sie agiert als „Heldin" der Geschichte, unterstützt vom weiblichen Kollektiv. Unterstützung holt sie auch mit ihrer übergroßen „Waffe" Stuhl, die im vorderen Bereich wie ein großes Maul, das das Monster mit einem Mal packen könnte, wirkt. Das kindliche Ich erlebt sich im Traum als selbstwirksam mit stabilen Funktionen in der Affektkontrolle. Der Traum enthält Bewältigungs- und Lösungsansätze.

Nach der bildnerischen Gestaltung nahm das schleimige Monster zur weiteren inneren Verarbeitung des Traumes noch eine konkretere Form an: Das Mädchen verglich damals die Konsistenz des Monsters im Traum mit einem Schwamm, malte diesen mit roter Farbe an, in Schwarz wurde das Gesicht gestaltet. Anschließend presste sie ihn aus und wollte

ihn „blutleer" machen. Dieses Spiel setzen wir über mehrere Stunden fort. Das Monster, stellvertretend für den ängstigenden Komplex, wird wiederholte Male „getötet", unschädlich gemacht, bis es ganz vernichtet ist.

Für das Mädchen war es eine Form des kindlichen Umgangs zur Bewältigung der ängstigenden Aggressionsenergien, sie erlebte sich aktiv kämpfend gegen die Bedrohung und entwickelte dadurch eine Ich-stärkende Haltung gegenüber den überwältigenden Affekten. Der Angstkomplex erfuhr offensichtlich eine Beruhigung, Angst- oder Albträume wurden nicht mehr berichtet. Ihre negativ belegten Aggressionen entwickelten sich in der weiteren Therapie in Richtung positive Durchsetzungsfähigkeit und Erkennen der eigenen Grenzen.

Neuer Umgang mit dem veränderten Männlichen – Traum 2

Gegen Ende der mittleren Phase der Therapie stellten sich die ersten pubertären Regungen ein, die Beziehung zum Vater hatte sich verbessert. In ihrer kognitiven Entwicklung wurde das Mädchen immer differenzierter, die Weiblichkeitsentwicklung zeigte sich immer deutlicher. Sie war zu dieser Zeit verliebt in einen Jungen, sich aber nicht sicher, ob ihre Gefühle erwidert wurden. Stunden zuvor hatten wir uns mit diesem Thema auseinandergesetzt und darüber, wie schwer es ist, sich in diesem Alter und im verliebten Zustand zu unterhalten. Das berichtete Traumgeschehen wurde dann auch von diesem Thema dominiert:

Wir waren im Schullandheim und K. kam in unser Mädchenzimmer und fragte: „Können wir reden?" Als ich nein gesagt hatte, fragte er: „Wieso sagst du deinen Freundinnen, dass du in mich verliebt bist?" Danach sagte ich: „Ich kann meinen Freundinnen vertrauen!" Dann sagte K.: „Aber ich möchte es nicht!" Dann habe ich gesagt: „Aber warum sagst du deinen Freunden, dass ich in dich verliebt bin?" Dann sagte K.: „Ich wusste es nicht, dass ich es nicht sagen soll!" Dann ich: „Ja, du wusstest es nicht!" Dann sagte K.: „Meine Freunde haben gesagt, lass sie in

Ruhe, aber ich will doch nur mit dir reden!"
Da sagte meine Freundin L.: „Du musst
nicht mit ihr reden, du weißt ja, dass sie sich
schämt!" Da sagte ich: „Es reicht, K., geh'
raus, wir werden später reden!"

Der Traum zeigt eine gewisse Weiterentwicklung und Reife. Die Stimmung im Traum wurde eher als „peinlich" beschrieben. Der Schamkomplex wird im Traumgeschehen deutlich, verstärkt dadurch, dass sie als Mädchen mit Migrationshintergrund eigentlich gar keinen Kontakt zu Jungen in ihrem Alter haben sollte. Die Verliebtheit wird ambivalent und verunsichernd erlebt.

Der Animus, der im oben beschriebenen Angsttraum als bedrohlich, gefährlich und abgespalten erlebt wurde, hat sich jedoch zum Positiven gewandt, es gibt eine erste Annäherung an den männlichen Komplex. Das Traum-Ich behält aber die Kontrolle über die Situation, wird nicht überwältigt vom Geschehen und den Affekten, bekommt erneut Unterstützung vom weiblichen Aspekt, wagt es, aus dem weiblich dominierten Raum einen Blick auf das Männliche zu werfen, was auf eine stabilere Ich-Funktion hinweist.

Auf der anderen Seite ist das Traumgeschehen sehr kognitiv mit einer Tendenz zur Rationalisierung geprägt, vermutlich, um vor zu starken Affekten geschützt zu sein. Die Lösung ist für das Mädchen eine entlastende Grenzziehung am Ende des Traumes.

Der Traum wurde zum damaligen Zeitpunkt mit der Methode der Amplifikation durch die Geschichte von Ronja Räubertochter weiter bearbeitet und angereichert. Ronja, eine wilde Räubertochter, mit der sich das Mädchen in vielen Aspekten identifizieren konnte und eine innere Verwandtschaft spürte, hatte ganz ähnliche innere ambivalente Gefühle gegenüber einem Jungen, der auch noch aus einer verfeindeten Sippe kam.

Innerhalb der Geschichte konnten Themen, die im Traum deutlich wurden und auch archetypisch sind, wie das erste Verliebtsein, die Entwicklung einer Beziehung zu einem Jungen und Konflikte in einer Freundschaft bearbeitet

werden. Lösungsansätze der Heldin trugen zu einem erweiterten Verstehen bei und wurden in kleinen Szenen durchgespielt.

Fazit

Die Einbeziehung der Träume von Kindern in die psychotherapeutische Behandlung ermöglicht ein Nutzbar-Machen für den therapeutischen Prozess. Je nach Reflexions- und Differenzierungsmöglichkeiten ergeben sich unterschiedliche kreative Möglichkeiten der Bearbeitung und Weiterentwicklung des Traumes.

Im geschilderten Fall konnten die wichtigsten Themen des Kindes herausgearbeitet und mit kreativen Mitteln ins Bewusstsein gehoben werden. Innerhalb des ersten Traumes zeigte sich der Themenkomplex, der die Entwicklung des Mädchens blockierte und nach dessen weiterer therapeutischer Bearbeitung sich eine Befreiung und Wandlung ins Positive einstellte. Im zweiten Traum hatte sich die Reflexionsfähigkeit des Mädchens verbessert, es konnten die deutlich andrängenden Themen der Pubertät, die sich im Traum zeigten, altersentsprechend und mit der von ihr gewählten Geschichte weiterbearbeitet werden. Erreicht wurde damit auch ein Vertrauen in die Botschaft und den Sinnzusammenhang der erzählten Träume.

Literatur
Hopf, H. (2007): Träume von Kindern und Jugendlichen, Diagnostik und Psychotherapie. Stuttgart: Kohlhammer.
Jung, C. G. (1987): Seminare Kinderträume. Walter: Olten.
Jung, C. G., Jaffé, A. (1962): Erinnerungen, Träume, Gedanken. Olten: Walter.

Petra Kullmann
Dipl. Sozialpädagogin, Analytische Kinder- und Jugendlichen-Psychotherapeutin in Stuttgart. Fortbildung in Kunsttherapie mit Schwerpunkt Malerei und Gestaltung in Ton.

Die Nachtwandlerin –
Vier Träume aus der Initialphase

Jeanette Randerath

traum

Foto: jeremy spang (www.shutterstock.com)

Lara, ein 15jähriges, großes, schlankes Mädchen mit sphinxhaftem Lächeln kam zu mir in die Therapie, weil sie schon seit ihrer Kindheit andere Kinder mobbte, oft log und hartnäckig an Fantasiegeschichten festhielt, z. B. dass ihr Vater gestorben sei. Aufgrund einer schweren Stoffwechselerkrankung mit absoluter Unverträglichkeit der Muttermilch war ihre sexuelle Entwicklung verzögert und innerhalb ihrer kognitiven Fähigkeiten bestand eine Leistungsdisharmonie. Sie besuchte die Förderschule, wo sie sich sehr langweilte. Sie weigere sich am Leben teilzunehmen, sagte ihre Mutter. Lara verbrachte ihre Nachmittage

meistens alleine zu Hause und schaute Youtube-Videos. Eine erschreckende Leere zeigte sich zunächst auch in der Gegenübertragung. Sympathie zwischen uns begann sich im Erstgespräch in dem Moment zu entwickeln, als wir unsere gemeinsame Liebe zu Hunden entdeckten. Hunde seien ihr lieber als Menschen, meinte Lara. Schon im Initialraum der analytischen Therapie tauchte im Traum ein Hund auf:

Ich habe geträumt, ich wäre in einer Höhle gewesen. Da war aber auch ein Mann, der hat mit seinem Handy telefoniert. Und da war ein Hund, der hat so komisch geguckt. Dann sind noch Leute durch die Höhle gegangen, aber die hatten nichts mit mir zu tun. Der Hund und der Mann aber irgendwie schon. Der Mann ist erst vorne aus der Höhle rausgegangen und dann plötzlich von hinten wieder reingekommen. Ich habe ihn aber nur von hinten gesehen.

„Wie hat der Hund denn geguckt?", frage ich. – „Der Hund hat Angst gehabt vor dem Mann mit dem Telefon und hat ein erschrockenes Gesicht gemacht. So, als wollte er mich warnen und zu mir sagen: Hallo, pass auf! – Es war ein kleiner Hund." – „Und wie hat es in der Höhle ausgesehen?" – „Das war keine schöne Höhle, eher wie ein Schlauch, und es war schummerig." – „Wie ging es *dir* denn in dem Traum?" – „Ich hab gar nix gefühlt, mir war nur irgendwie komisch."

Ich frage, ob der Mann mit dem Telefon sie an irgendjemand erinnern würde. „An meinen Vater", sagt sie mit nach innen gerichtetem Blick. „Wenn wir zusammen sind, sagt er immer, er muss noch arbeiten, oder er telefoniert mit anderen. Ich habe Angst, dass er mich nicht wirklich gern hat." Sie zögert, dann fügt sie hinzu. „Der Mann erinnert mich auch irgendwie an mich selbst. Ich bin ja oft auch nicht wirklich da." – „Könnte es sein, dass der Hund dir etwas zeigen wollte, was du selber nicht spüren konntest?", frage ich. – „Ja", sagt sie bestimmt, „genauso war es!"

Ich bin überrascht, wie Lara ohne Vorerfahrung die subjekt- und objektstufige Ebene der männlichen Gestalt differenziert und neben der Abwesenheit des Vaters auch ihre eigene Unverbundenheit darin erkennen kann.

Das Symbol der Höhle gehört zu den grundlegenden archaischen Symbolen. Jung bringt sie in Verbindung mit der Brutstätte, dem Mutterleib, dem Ort der Geburt, bzw. der Wiedergeburt und der Wandlung (Jung 1987, S. 432). Laras reelle Geburtshöhle war äußerst ungeschützt gewesen, die Geburt für Mutter und Tochter, wegen Sepsis, Erstickungsgefahr und Notkaiserschnitt traumatisch. Laras frühe Zeit insgesamt war für Mutter und Kind ein Kampf

ums Überleben gewesen. Fremde Ärzte kamen immer wieder in Laras Zimmer, um den seltenen Fall zu begutachten – ein Bild, das mir unwillkürlich vor Augen trat, als im Traum die Rede von den fremden Menschen ist, die durch die Höhle gehen. Kurze Zeit später erkrankt die Mutter selbst schwer. Sie habe selbst keine Mütterlichkeit erfahren und hätte auch nicht gewusst, wie sie sie hätte weitergeben können. In dieser Zeit wird der noch sehr junge Vater Laras erste Bezugsperson. Nach sieben Jahren aber trennt sich der Vater von der Familie und bricht auch den Kontakt zu Lara ab, als es Schwierigkeiten zwischen Lara und seiner neuen Lebensgefährtin gab. Dass das Traum-Ich den Mann nur von hinten sieht, könnte ein Hinweis sein auf das weitgehende Fehlen von Spiegelung in der frühen Zeit. Das könnte auch der Grund für Laras leeren Blick sein, der sich bis jetzt nicht im anderen erkennen konnte.

Allein der kleine Hund zeigt der Träumerin, dass die Situation bedrohlich ist, und vermittelt zwischen Traum-Ich und möglicherweise aus Not abgespaltenen Gefühlen. Er ist selbst ein Zwischenwesen, ein Bindeglied zwischen Raubtier und Mensch. „Die erste Bedeutung des Hundes in den Mythen ist die des Psychopompos, des Führers des Menschen durch die Nacht des Todes, nachdem er sie vorher durchs Leben begleitet hat", heißt es im *Dictionnaire des Symbols*. „Man trifft ihn im Tod, in der Hölle, in der Unterwelt, in den unsichtbaren Reichen – egal ob sie von erdhaften oder den himmlischen Gottheiten regiert werden."

Hier zeigt sich das Übergangsstadium, in dem sich Lara in der körperlichen- wie auch in der Bewusstseinsentwicklung befindet. Sie erinnerte mich an eine Nachtwandlerin, die wandelte zwischen Bewusstem und Unbewusstem, Nichtwissen und Wissen, Kind und Jugendlicher, Himmel und Erde ...

Im zweiten Traum begleitet der Hund die Träumerin bei einer ersten Reise:

Ich bin in einem Schiff mit Flügeln durch die Luft geschwebt. Es war Herbst und es waren ganz viele Blätter in der Luft. Dahinter waren Berge, die waren aber nicht klar zu sehen, weil es etwas neblig war. Der Hund machte so Chinesenaugen, wegen dem Wind. Er ist weiß mit schwarzen Punkten drin. Er hat die Zunge aus dem Hals hängen und sabbert. Außer mir waren noch ein paar andere mit in dem Schiff. Drei YouTuber. Die finde ich auch in Wirklichkeit nett. Unter dem Luftschiff sind noch so Legomenschen auf dem Boden gewesen. Einer von denen hat so ein Schild hochgehalten, auf dem Minecraft stand.

Laras Führer, der *kleine* Hund, holt sie möglicherweise ab in einer Zeit, wo sie in der Entwicklung stehengeblieben ist. Er vermittelt auch zwischen ihr und der Welt. Diesmal begleitet der Hund sie in ein neues Element, in die Luft, die für das geistige Prinzip steht, den Lebensatem. Der Wind bringt Bewegung in Angestautes, Festsitzendes. Das Schiff dagegen hat etwas schützendes Mütterliches. Der Hund sitzt wie eine Galionsfigur, ein Schutzpatron am Bug des Luftschiffes. Vermittelt durch ihn spürt das Traum-Ich die Umgebung. Der Hund ist eindeutig der lebendigste der Reisegefährten.

In diesem Traum könnte sich seine kompensatorische oder auch prospektive Funktion zeigen. Laras Traum-Ich nähert sich den Gleichaltrigen und entflieht ihrer unbefriedigenden Realität und der Plastikwelt. Sie sagt, es seien auch die YouTuber, von denen sie im Unterricht träumt, wenn sie sich langweile. Das Schild, was das Plastikmännchen hochhält, könnte aber auch als wichtige Botschaft verstanden werden. Im Minecraft-Spiel geht es darum, mithilfe von Ressourcen, die gesucht werden müssen, vom Überlebensmodus in den Kreativ- und in den Abenteuermodus zu kommen.

Der Nebel könnte einen Zwischenzustand zeigen, in dem die klaren Konturen verschwimmen, der Unterschied zwischen Tag und Nacht, Wirklichkeit und Fantasie. Auch die fallenden Blätter deuten auf eine Übergangszeit hin: Altes wird losgelassen, Neues ist noch nicht sichtbar.

Im Symbol des Berges begegnen sich Himmel und Erde. Etwas Transzendentes, die Realität Überschreitendes beginnt aufzuscheinen, ist aber noch nicht klar zu erkennen. Die Berge am Horizont könnten für Stabilität und Festigkeit stehen, gleichzeitig aber auch für etwas zu Erklimmendes oder zu Überwindendes. In Laras Leben sind sie mit den Großeltern väterlicherseits assoziiert, die in den Bergen leben. Das schwarz-weiß gefleckte Fell des Hundes könnte, subjektstufig betrachtet, eine beginnende Differenzierung zu zeigen.

Auch im dritten Traum zeigt sich wieder der Übergang von einem Zustand in den anderen, mit der Frage: Was ist echt, was nicht, was ist Lüge, was ist Wahrheit?

Ich war zu Hause und habe eine Stimme gehört. Die klang so wie die Stimme von meinem Opa. Ich verlasse das Haus und folge der Stimme. Ich laufe über eine Hängebrücke und komme zu einer Höhle. Es war wie in einem Dschungel und unter der Brücke waren lauter Steine. Dann war ich in der Höhle und habe meine Mutter gesehen, die hatte ihre Stimme verändert. Ich habe sie gefragt, was los ist, und sie hat mit einer ganz komischen Stimme gesagt: „Aber ich bin es doch, deine Mutter", – mit der Stimme von meinem Opa. Dann hat sich der Kopf in einen Leopardenkopf verwandelt. Ich hab mich furchtbar erschrocken und wollte wieder über die Hängebrücke zurücklaufen, bin aber runtergefallen auf die Steine. Dann bin ich aufgewacht.

Auf der Subjektstufe schafft es die verinnerlichte Stimme des *Großen Vaters* sie hinauszulocken und sich auf einen eigenen Weg zu machen. Sie scheint in ihm etwas zu suchen, was vielleicht von dem „realen Vater nicht erschöpfend vorgelebt werden konnte". Das Symbol des Dschungels verweist auf die Rohheit der Landschaft, in der sie sich bewegt. Der Urwald ist Symbol für das Unbewusste, unendliche Ressourcen, aber auch für den Kampf ums Überleben und Ort namenloser Ängste. Die Brücke über dem Abgrund als häufiges mythologisches Motiv, ist eine Hängebrücke und zeigt die Unsicherheit des Übergangs. In der Höhle aber begegnet sie einem bis dahin für sie selbst im Dunkeln gebliebenen Schattenanteil, was sie sehr erschrecken lässt. Objektstufig könnte sich im Leopardenkopf eine todbringende Seite des Mutterarchetyps zeigen.

> *Die Figur der Mutter symbolisiert ein Stück Libido des Kindes, und zwar dasjenige, das in der Welt verwurzelt und in sie eingeordnet ist. Die Mutter ist das erste Bild für die weibliche Haltung der Umwelt gegenüber, sie bildet eine Verbindung mit derselben. Andererseits stellt sie in einem tieferen, unpersönlichen Aspekt den Lebensinstinkt überhaupt dar. Sie ist das Heim, die Erde der Boden, auf dem man steht. – Wird dieser Halt aufgegeben, so zeigt sich dieser Verlust (...) in der Auflösung der Persona.*
> Jung 1987, S. 95

Hier könnte sich der tiefste Grund der Verunsicherung im Leben der Patientin zeigen. Was ist wahr und was ist falsch? Diese Angst und das Erschrecken könnten mit einer ihrer ersten Erfahrungen zusammenhängen, die für Mutter und Kind tragisch war, dass die Milch der Mutter nicht lebensspendend und fruchtbar war, sondern giftig. Hier wird die reale Mutter zum ersten Mal angesprochen. Es gibt offensichtlich keinen Weg mehr zurück in das alte Zuhause. Ich denke an Rotkäppchen und den Wolf, wo es auch um das Thema der Pubertät und des Übergangs geht und um die anstehende Loslösung von der Mutter. Trotz großer Angst und Unsicherheit muss Lara sich auf den Weg machen und sich der steinigen Realität stellen.

Ich frage hinterher, ob sie wisse, ob die Lara im Traum den Sturz überlebt habe. „Ja", sagt sie. „Ich habe mir zwar wehgetan wegen der Steine, aber ich konnte wieder aufstehen und weitergehen." Sie ist stolz, dass sich die Traum-Lara alleine auf den Weg gemacht hat. „Leoparden sind gefährlich, aber auch sehr schöne Tiere. Und sie sind sehr schnell - so wie ich. Katzen sind unabhängige Tiere", fügt

sie hinzu, „anders als Hunde, die sind auch sehr abhängig. Katzen sind irgendwie königlich."

Der vierte Traum ist eine Abwandlung des zweiten:

> *Ich habe wieder geträumt von dem fliegenden Schiff mit Flügeln. Diesmal war drumherum alles schwarz, aber mit Sternen. Ich glaub, es war im Weltall. Außer mir waren noch die drei YouTube-Typen in dem Schiff. Sie haben sich untereinander unterhalten und ich sah, wie sich ihre Münder bewegten. Das Schiff war aus braunem Holz und die Flügel waren weiß, wie bei Vögeln, nur viel größer. Es war auch schön, weil ich den Wind so frisch im Gesicht gespürt hab. Unten war die Erde und die war so leuchtend.*

Als ich sie frage, wie sie sich in diesem Traum gefühlt habe, sagt sie: „Ich war glücklich." Diesmal steht an der Stelle, wo vorher der Hund gestanden hatte, das Traum-Ich selber und spürt den Fahrtwind und beginnt sich dem Kommenden zu stellen. Diesmal ist unter ihnen kein Plastik, sondern das Weltall. Auch wenn sie nicht in direkter Kommunikation mit den Mitreisenden ist, genießt sie es, nicht alleine zu sein, und beginnt, die Schönheit des sie umgebenden Universums wahrzunehmen, die Nacht und die Sterne, die unter ihr leuchten. Neben der Intuition scheinen sich in diesem Traum Empfindungsfunktion und Fühlfunktion zu differenzieren, was auch eine Voraussetzung dafür ist, zwischen Fantasie und Wirklichkeit unterscheiden zu können.

Gegen Ende der Therapie nach drei Jahren zeigt Lara mir ein Bild auf dem Handy. Sie sitzt in der Nacht Seite an Seite mit drei Freunden auf einer Steinmauer auf einem Berg. Alle vier schauen ins Tal, wo viele Lichter leuchten.

„Das Bild erinnert mich an deinen Traum mit dem Luftschiff", sage ich. – „Mich auch", antwortete sie. „Aber diesmal war ich in echt glücklich."

Die vier Träume aus der Initialphase hatten tatsächlich prospektiven Charakter für Laras Entwicklung gehabt. Der Weg, den sie bis hier-

Freunde, „I love you" in Zeichensprache, Foto: Prasert Wongchindawest (www.shutterstock.com)

her gemacht hatte, war oft sehr steinig gewesen, mit Abgründen, Abstürzen und Aufstiegen. Sie hatte die Nacht erkundet und sich vielen Gefahren ausgesetzt und Enttäuschungen integriert. Am (vorläufigen) Ende der Therapie hatte sie tatsächlich mehr Boden unter den Füßen gewonnen. Sie sagt von sich, sie sei selbstbewusster geworden. Sie hat Freunde gefunden und einen Ausbildungsplatz, auf den sie sich freut. Das Verhältnis zu ihrer Mutter hat sich verbessert.

Trotz aller Fortschritte hat sie manchmal noch einen Blick, in dem die Angst vor dem Abgrund zu erkennen ist, die sie nur durch die Flucht in Traumwelten ertragen kann. Ihr „sicherer Ort" ist dann immer noch in den Wolken und nicht auf der Erde.

Literaturverzeichnis

Chevalier, J. & Gheerbrandt, A. (1982): Dictionnaire des Symboles, Paris: Bouquins.

Jung, C. G. (1987): Seminare Kinderträume. Walter: Olten

Rasche, J. (2003): Großer Vater. In Müller, Lutz u. Anette (2003): Wörterbuch der Analytischen Psychologie. Düsseldorf: Patmos.

Jeanette Randerath
Studium Germanistik, Geschichte und Erziehungswissenschaften, Lektorin und Kinderbuchautorin, Analytische Kinder- und Jugendlichen-Psychotherapeutin.

Die weiße Flamme des Lebens

Der Schriftsteller J. B. Priestley berichtet von einem Traum, den er im Alter von 42 Jahren hatte. Dieser habe auf ihn einen tieferen Eindruck als jedes frühere Erlebnis gemacht und ihm mehr über dieses Leben gesagt als je ein Buch.

Er träumte, er stehe auf der Spitze eines sehr hohen Turmes, und blicke auf Tausende von Vögeln hinab, die alle in einer Richtung flogen. Dann wurde auf mysteriöse Weise geschaltet, das Tempo wurde schneller, und er sah Generationen von Vögeln, wie sie aus dem Ei krochen, flügge wurden, sich paarten, schwächer wurden, abnahmen und starben.

John B. Priestley, 1940, 46 Jahre alt (wikimedia.org)

Er fragte sich verzweifelt, welchen Sinn dieser ganze blinde Kampf ins Leben hinein, das eifrige Erproben der Flügel, das eilige Paaren, das Fliegen und Aufschwingen, die ganze gigantische, sinnlose biologische Anstrengung überhaupt habe? Es wäre besser, wenn kein Einziges von ihnen allen, wenn kein Einziger von uns allen geboren wäre, wenn der Kampf für immer aufhörte. Dann wurde wieder geschaltet, die Zeit lief noch schneller ab, und er sah jetzt eine Art weißer Flamme, zitternd, tanzend, dann vorwärts stürmend durch die Körper.

[...] und sobald ich sie sah, wusste ich, dass diese weiße Flamme das Leben selbst war, die reine Quintessenz des Lebens; und es ging mir auf, in einer raketenartigen Ekstase, daß es auf nichts ankam, daß es nie auf irgendetwas ankommen könnte, weil nichts wirklich war außer diesem vibrierenden, eilenden Glanze des Daseins.

Vögel, Menschen und Geschöpfe, noch ungeformt und ungefärbt, sie alle hatten Bedeutung nur soweit diese Lebensflamme durch sie zog. Keine Trauer blieb zurück; was ich für Tragik gehalten hatte, war nur Leere und Schattenspiel; denn jetzt war alles wirkliche Gefühl beschlossen und verklärt in der weißen Flamme des Lebens und tanzte in Ekstase mit ihr. [...]

Ich habe nie zuvor ein so tiefes Glücksgefühl empfunden wie am Ende des Traumes vom Turme und den Vögeln, und wenn ich dieses Glücksgefühl in mir nicht bewahrt habe, als innere Atmosphäre und Zuflucht für das Herz, so ist es deshalb, weil ich ein schwacher und närrischer Mensch bin, der die verrückte Welt einläßt, die zertrampelt und jeden grünen Weisheitsschößling zerstört. Trotzdem bin ich seither nicht mehr ganz derselbe Mensch.
Ein Traum war schließlich der Fülle der Geschäfte überlegen.

Priestley, John B. (1939): Rain upon Godshill. Toronto.
Zitiert nach Adler, G. (1952): Zur Analytischen Psychologie. Zürich: Rascher, S. 159 f.

Traumerfahrungen in der Literatur
bei Thomas Mann, Marie-Luise Kaschnitz und Bernhard Schlink

Irene Berkenbusch-Erbe

Man kann das Leben der Menschen nicht richtig beschreiben,
wenn man es nicht auch in den Schlummer hinein verfolgt,
von dem es Nacht für Nacht umspült wird wie eine Halbinsel vom Meer.
(Marcel Proust)

Seit der Antike spielen Träume in der Literatur eine wichtige Rolle: Denken wir z. B. an Penelopes letzten Traum in Homers *Odyssee* (19. Gesang), der ihr die glückliche Heimkehr ihres Mannes Odysseus vorbedeutend vorwegnimmt, somit ist es ein prospektiver Traum. Sie träumt von zwanzig Gänsen im Haus, was zunächst die Realität widerspiegelt, dann aber ereignet sich etwas, das eindeutig ein Traumbild darstellt. Es erscheint ein großer krummgeschnäbelter Adler und tötet sie alle, was Penelope zunächst erschreckt und betrübt. Kurz darauf spricht der Adler mit menschlicher Stimme und gibt ihr die Interpretation des Traums:

Odysseus und Penelope
Francesco Primaticcio (1504-1570)
(Toledo Museum of Art, Ohio)

Guten Mutes, Ikarios' Tochter,
des weithin berühmten!
Denn kein Traum ist's, sondern ein Zeichen,
wie es geschehen wird:
Diese Gänse bedeuten die Freier,
ich selbst als Vogel
War der Adler und jetzt bin ich als dein Gatte
gekommen,
Der ich den Freiern allen ein schmähliches Ende
bereite.

Verse 546-550

Daraufhin kann sich der anwesende Odysseus zu erkennen geben und sein Vorhaben, die Freier zu töten, offenbaren. Der Traum zeigt visionär zukünftiges Geschehen, gleichzeitig enthüllt er Penelope die Gegenwart des Fremden, in dem sie bisher Odysseus noch nicht erkannt hatte.

Schon immer hat die Menschen, so auch uns, das Wechselverhältnis zwischen Traum- und Wachwelt interessiert und fasziniert. Es ist spannend zu schauen, wie Träume in der Lite-

Das literarrische Träumen orientiert sich notwendig an unser aller Erfahrungen mit dem nächtlichen Träumen, also auch dem der Autoren, und am allgemeinen Wissen ihrer Zeit über das Wesen von Träumen.
Gidion 2006, S. 17

Bei unserer Lektüre von Träumen in der Dichtung müssen wir uns der Besonderheit der unterschiedlichen Perspektiven bewusst sein. Abgesehen vom eventuell allwissenden Erzähler ist zwischen der Perspektive der von außen mit mehr Überblick schauenden Leser und der Protagonisten zu unterscheiden, die ihren Traum eventuell gar nicht verstehen oder ihn (noch) nicht in den Zusammenhang ihres Lebens einzuordnen vermögen. Dies ist immer im Blick zu behalten, wenn wir uns den Traumdichtungen verschiedener Dichter und Schriftsteller nähern.

Bei der Überfülle reizvoller Beispiele aus deutscher Literatur und der Weltliteratur musste eine Auswahl getroffen werden, die mit Blick auf die unterschiedlichen Funktionen und Bedeutungen der Träume im jeweiligen Text und eventuell auch im Interesse der Leser getroffen wurde.

ratur behandelt werden. Ähnlich wie wir in unserer eigenen Trauminterpretation und in der Analyse mit ihnen umgehen oder anders?

Ein wichtiger Unterschied besteht darin, dass Dichter und Schriftsteller *Traumdichtungen* verfasst haben; es sind fiktive Träume, mit denen sie darzustellen versuchen, was sie am Traum im Interesse ihrer Textintention fasziniert. Dabei geht es ihnen um die Verwobenheit des Traumes mit der Handlung und um die Frage, in welcher Weise sich das Geträumte im Verlauf der Handlung auswirkt und gegebenenfalls erfüllt.

Auch die in der Literatur beschriebenen Träume bieten ein Fenster zu Geheimnis und Hintergründigkeit menschlicher Existenz, was sowohl die jeweiligen Protagonisten, sofern es ihnen bewusst ist, als auch uns als Leser immer wieder fasziniert. Heidi Gidion drückt es so aus:

Der Tod in Venedig
Der Traum als Handlungsimpuls

Gustav von Aschenbach, die Hauptfigur in Thomas Manns (1875-1955) Novelle *Der Tod in Venedig* (1911), erlebt auf einem Spaziergang über den Nordfriedhof in München, angeregt durch eine Begegnung mit einem seltsamen, fremd aussehenden und von weit herkommenden Wanderer, einen traumähnlichen Zustand (S. 355).

Zunächst empfindet er eine seltsame Ausweitung seines Inneren, eine Art schweifender Unruhe, ein jugendlich durstiges Verlangen in die Ferne.

Als preußisch erzogener, sein Leben auch als Schriftsteller nach den Prinzipien von Pflicht, Ordnung und Vernunft gestaltender Mensch hat er sich den Wünschen nach Reisen und lustvollen Erlebnissen bisher weitgehend versagt. Somit erscheint das ihn nunmehr überkommende Traumbild, im Text (ebd.) wird es als *Gesicht* bezeichnet, ganz ungewöhnlich zu sein. Der Schriftsteller träumt von einem dicht bewachsenen Urwald, der

... ein tropisches Sumpfgebiet unter dickdunstigem Himmel zeigt, es ist feucht, üppig und ungeheuer. Er sieht aus geilem Farrengewucher, aus Gründen von fettem, gequollenem und abenteuerlich blühendem Pflanzenwerk haarige Palmenschäfte nah und ferne emporstreben, ebenso sieht er wunderlich ungestalte Bäume ihre Wurzeln durch die Luft in den Boden, in stockende, grünschattig spiegelnde Fluten versenken.

Nach weiteren, fremd und schwül anmutenden Landschaftsbildern bis hin zu den funkelnden Augen eines kauernden Tigers fühlt Aschenbachsein Herz pochen vor Entsetzen und rätselhaftem Verlangen.

Neben Vorstellungen einer beinahe bizarren Landschaft beschwören die Traumbilder eindeutig sexuelle Assoziationen in Zusammenhang mit einer ungebändigten Wildheit (kauernder Tiger) herauf. Der Traum beleuchtet eine bisher völlig vernachlässigte, jegliche Gefühle unterdrückende, aber dennoch unbewusst ersehnte Seite in der Psyche des Protagonisten.

Zudem macht dieser Traum, der als Vorbedeutung auf die spätere Liebe und Verfallenheit Aschenbachs an den polnischen Jüngling Tadzio in Venedig zu verstehen ist, dem seit jeher an Selbstdisziplin gewohnten Schriftsteller in diesem Moment ungeheure Angst.

Daher kann er sich auf sein unterdrücktes (erotisches) Gefühlsleben jetzt noch nicht einlassen, sondern lediglich die Sehnsucht nach dem Fremden, nach Reisen in die Ferne beginnt ihn zu bewegen. Vielleicht ist es zunächst eine Flucht vor seinen eigenen Trieben und Wünschen, die der Traum für den Träumer allerdings nur latent erfahrbar zutage fördert.

Dennoch vermittelt ihm das ihn aufwühlende Traumbild eine vorher nicht gekannte Reiselust, die Offenheit für das Fremdartige – da

kam nur Italien infrage – und späterhin den Zugang zur emotionalen, erotisch-sexuellen Sphäre in seiner Psyche.

Zwar war Thomas Mann stärker von Sigmund Freuds Traumdeutung beeinflusst, dennoch lässt sich Gustav von Aschenbachs Traum, der eine bisher ganz und gar einseitige Bewusstseinseinstellung auflöst, zutreffend mit C. G. Jung als kompensatorischer Traum bezeichnen. Diese Erfahrung lässt den Protagonisten nun zu seiner Italienreise aufbrechen.

Etwas anderes fällt auf: Die Grenzen zwischen Tagtraum (*Gesicht*, Imagination) und Nachttraum sind fließend. Heidi Gidion spricht vom „unverbundene(n) Neben- und Ineinander von penibel beobachteter Alltags-Realität und Phantastik" (S. 171).

Eines Mittags, Mitte Juni
Das ineinander Verwobensein von Realität

Eine ähnliche Erfahrung machen wir in der Kurzgeschichte *Eines Mittags, Mitte Juni* (1960) von Marie Luise Kaschnitz (1901–1974. Kurz der Inhalt:

Die Ich-Erzählerin, mit der die Autorin identisch ist (sie wird in der Erzählung Frau Kaschnitz genannt), kommt von einer Mittelmeerreise nach Hause und erfährt durch ihre Nachbarin von einem verstörenden Ereignis : Eine Fremde habe, es muss Mitte Juni gewesen sein, an ihre Tür geklopft und vom Tod der Frau Kaschnitz berichtet und habe Zutritt zu deren Wohnung verlangt. Warum gerade *sie* komme? (S. 115)

Weil die Frau Kaschnitz ganz allein gestanden ist, weil sie niemanden gehabt hat auf der Welt.

Die Ich-Erzählerin, die erst vor kurzem ihren Mann verloren hat, ist nun nur noch von einem einzigen Wunsch erfüllt, nämlich, das Rätsel jener unheimlichen Todesbotschaft zu lösen. So forscht sie in ihrem Tagebuch nach und findet an einem Tag Mitte Juni eine Notiz, die beinhaltet, sie sei zu weit ins Meer hinausgeschwommen, habe die Kraft zurückzuschwimmen mehr und mehr verloren und habe dem Sog, sich

Marie-Luise Kaschnitz (1901-1974)

ganz hinauszutreiben zu lassen, beinahe nach-
gegeben – was habe das Leben noch für einen Sinn – bis sie von weit her einen geheim-
nisvollen Flötenton vernommen habe. Dies sei
die Flöte ihrer Tochter gewesen, ein Ruf des Lebens, sie habe diese Botschaft (S. 118)

das Leben ist nicht sinnlos,
ich bin nicht allein auf der Welt

sofort verstanden. Denn für ihre Tochter müsse
sie wohl weiterleben.

Außerdem erinnert sich die Dichterin, dass
ihre Tochter tatsächlich mit einem Badetuch
wartend und zornig am Strand gestanden und
sie mit den Worten (ebd.) begrüßt habe: „Was
schwimmst du soweit hinaus?" Auf ihre Flöte
hin angesprochen, habe die Tochter aber verwundert geantwortet, die habe sie gar nicht
am Strand gehabt.

Die Erzählung befindet sich auf der Grenze
zwischen Imagination und Traum oder von Alltagsrealität und Fantastik. Imagination wird

hier verstanden als ein innerseelisches Ge-
schehenlassen und Erleben, was sich synchron in der fremden Frau materialisiert.

Was uns Lesende fasziniert, ist die Synchronizität der Ereignisse, der sich im Meer beinahe dem Tod preisgebenden Ich-Erzählerin
und der Frau in ihrem Heimatort, die zur sel-
ben Zeit von eben diesem Todeswunsch bzw.
dem Tod einer Frau berichtet, die sie gar nicht
kennt. Die eine der drei von Jung unterschie-
denen Kategorien von Synchronizität trifft hier
in überzeugender Weise zu. Demnach erscheint Synchronizität als

... Koinzidenz eines psychischen Zustandes mit
einem entsprechenden (mehr oder weniger gleich-
zeitigen) äußeren Ereignis, welches aber außer-
halb des Wahrnehmungsbereiches des Beobachters,
also räumlich distant, stattfindet und erst nach-
träglich verifiziert werden kann.
Seifert 2003, S. 403

Handelt es sich um eine Imagination oder einen Traum der Ich-Erzählerin oder aber nicht
wirklich synchron um die Materialisierung einer starken innerseelischen Bewegtheit und
existenziellen Grenzsituation der Ich-Erzählerin? Das Ich, das sterben will, tritt sozusagen
aus der Person der im Meer Schwimmenden
heraus und nimmt Gestalt in der Art eines *al-*
ter ego an, einer unbekannten Frau, die für die
Nachbarn zu Hause sichtbar wird?

Es ist die „Stimme, die aus mir selber
kommt", äußert M. L. Kaschnitz in einem anderen Zusammenhang, der aber auch hier
passt. Nach ihrem Namen gefragt, äußert die
Fremde nur, er tue hier nichts zur Sache, sie
sei „ermächtigt", das genüge.

Dass die Existenz der Tochter in der Geschichte die entscheidende Rolle spielt, wird
auch dadurch deutlich, dass die geheimnisvolle
Frau in dem Moment verschwindet, als Jemand
von der Tochter der Ich-Erzählerin spricht. So
heißt es im Text (S. 119): „Da hat sie es aufgegeben und ist fort."

Die Fremde weiß jetzt, dass ihre Todesbotschaft nicht mehr greift. Was sind das für geheimnisvolle, sogar in die Mythologie reichende

Zusammenhänge? Die Imagination der Flöte ruft die Assoziation von Pan in der Stunde des hohen Mittags, von Mittagshitze und von Gefahr hervor. Gleichzeitig liegt der Gedanke an die Zauberflöte in Mozarts Oper und damit an die Symbolik von Sehnsucht und Wandlung nahe.

> *Das Unerklärliche, Geheimnisvolle des Lebens wird durch die doppelbödige, in irreale Bereiche verweisende Erzählweise allmählich enthüllt.*
> Gersdorff 1997, S. 262

So charakterisiert Dagmar v. Gersdorff neben anderen die uns hier vorliegende Erzählung. In doppelbödige, irreale Bereiche verweisen uns auch Träume und Imaginationen. Bei Marie Luise Kaschnitz und ihrer Erzählerin wird der erst im Nachhinein wahrgenommene Übergang von einer innerseelischen Realität in eine Art Traumwelt erfahrbar, und es wird deutlich, dass es nur eine hauchdünne, unsichtbare Grenze zwischen beiden Welten gibt. Darin besteht die Essenz dieser Erzählung.

> *Einen Körper zuweilen leih ich mir aus [...] aber dann entferne ich mich lautlos,*

sagt M. L. Kaschnitz über sich in einem anderen Zusammenhang (zit. nach D. v.Gersdorff, S. 256). In der Erzählung scheint es umgekehrt zu sein: Die Erzählerin entfernt sich weit ins Meer hinaus und leiht sich imaginär den Körper einer fremden Frau aus, die eine Botschaft vom seelischen Erleben, der Todesnähe der Schwimmerin weitergibt. Das Erleben der Erzählerin ist und bleibt letztlich ein Geheimnis wie auch die Grenzen zwischen sichtbarer und unsichtbarer Realität fließend sind.

Die Frau an der Tankstelle
Der Traum und seine Verwobenheit mit dem Lebenslauf

Im dritten literarischen Beispiel ist ein Traum das entscheidende Element, das die gesamte Handlung im Lebensprozess eines Mannes prägt. Der Autor Bernhard Schlink (geb. 1944)

beschreibt in der Erzählung *Die Frau an der Tankstelle* (2000) eine in Alltagsroutine erstarrte Ehe, deren Leere und Hoffnungslosigkeit dem Mann während einer gemeinsamen Amerikareise mit seiner Frau, die eigentlich der Neubelebung ihrer Beziehung dienen sollte, durch einen auf mysteriöse Weise Wirklichkeit gewordenen Traum nun unausweichlich und schmerzlich bewusst wird. Den Traum hatte er, der nie mit Namen genannt wird, bereits als 15/16-jähriger Junge, und er kommt ihm immer wieder in den Sinn, indem er ihn in verschiedenen Situationen seines Lebens phantasiert, nicht nur in langweiligen Schulstunden (S. 283). Er weiß nicht, warum ihn der Traum, den er nur wenigen Personen erzählt, all die Jahre begleitet, nur

> *... wußte er, daß er etwas von ihm preisgab, aber nicht, was, und die Vorstellung, daß ein anderer es sehen könnte, war ihm unangenehm,*

heißt es im Text (S. 283). Der Traum beginnt damit, dass der Erzähler mit seinem Auto durch eine weite, wüste Ebene fährt und dann auf eine Tankstelle trifft, die er anfährt. Eine junge Frau füllt ihm den Tank, die Art ihres Auftretens und ihrer Bewegungen löst erotische Gefühle und Wünsche bei ihm aus. Die Frau geht dann mit ihm ins Haus hinauf in ihr Schlafzimmer und sie lieben sich.

Das Traum-Ich erfährt diese Begegnung als sehr intensiv und echt, sodass der Träumer am Abend, nachdem er aber weitergefahren ist, eine Art aktiver Imagination unternimmt und den Traum in seiner Fantasie fortsetzt. In der Imagination ist er bei der Frau geblieben, lebt mit ihr, fühlt sich bei ihr zu Hause, ein stimmiges, zukünftiges Leben. Der Traum begleitet ihn durch die Jahre seines Lebens, wobei die Frau in seiner Imagination kontinuierlich an Alter zunimmt, – sie wächst sozusagen mit dem Lebensalter des Mannes mit.

Auf der bereits erwähnten Reise, in deren Verlauf sich das Ehepaar wieder näher kommt, erlebt der Mann etwas an einer Tankstelle, das dem Anfang seines Traums von damals entspricht. Wieder befindet er sich, jetzt mit seiner Frau, in einer weiten, menschenleeren Landschaft, als ein Schild eine Tankstelle ankündigt. Wieder erscheint eine diesmal nicht mehr ganz junge Frau, um das Benzin in den Tank einzufüllen.

Die Situation von damals im Traum steht dem Mann unabweislich vor Augen und bewegt ihn zu einem immer persönlicher werdenden Gespräch mit der Frau, die ihn so fasziniert, dass er überlegt, hier bei ihr zu bleiben und seine Frau allein weiterfahren zu lassen. Jetzt wäre die Möglichkeit, den Traum von früher in der Wirklichkeit zu Ende zu leben. Dazu fehlt ihm aber der Mut.

Im Weiterfahren spürt er jedoch immer deutlicher, dass er einem wichtigen Wink seines Lebens, aufgrund seiner Unentschlossenheit nicht gefolgt ist. Darüber erzürnt und tief erschüttert verlässt er spontan seine Frau, um zu Fuß den Weg zurückzugehen.

Bereits zu Beginn macht der Autor eine interessante Feststellung, wenn er sagt (S. 286):

Oft sind die Träume, die uns begleiten, der Kontrast zu dem Leben, das wir führen. Der Abenteurer träumt davon, nach Hause zu kommen, und der Bodenständige von Aufbruch, fernen Ländern und großen Taten.

Letzteres scheint auf den Mann in der Erzählung zuzutreffen. Man könnte den damaligen Traum des Fünfzehnjährigen als eine Art Initialtraum seines Lebens bezeichnen, der ihn schließlich als über Fünfzigjährigem aus gewohnten Bahnen ausbrechen und sich seiner Leere und Versäumnisse seines Lebens bewusst werden lässt.

Der Traum mit seiner starken, lebendigen Emotion, einem Moment gelungener, erfüllender Liebeserfahrung bleibt dauerhaft in der Psyche des Mannes lebendig. Bis zum mysteriösen Erlebnis an der Tankstelle in Amerika vergehen viele Jahre einer zunächst glücklich erscheinenden, dann aber immer alltäglicher und öder werdenden Ehe.

Der durch das reale Erlebnis an der Tankstelle neu entfachte Traum stellt dem Mann nun die Frage nach der Verwirklichung seines damaligen inneren Lebensimpulses, und das geht weit über die erotische Komponente hinaus. Es geht letztlich um seine Individuation. Es stellt sich in ihm die Frage, ob er sein Leben, sein wahres Selbst, nicht versäumt habe und was das Eigentliche in seinem Leben gewesen wäre. Es ist die Frage, ob er der Spur seines Inneren gefolgt ist oder ob er sie durch den Alltag und seine Angepasstheit an die Realitäten des Lebens nicht hat versanden lassen.

Das alles wühlt ihn so auf, dass er nicht anders kann, als unaufhaltsam und heftig zu weinen. Im Text heißt es (S. 305):

Er weinte über seinen Traum, über die Angebote, die ihm das Leben gemacht und denen er sich versagt und entzogen hatte, über das Unwiederbringliche und Unersetzbare im Leben.

Diese heftige Erschütterung führt dazu, dass er seine Frau im Auto verlässt und die Straße, die sie zusammen gekommen sind, zu Fuß zurückgeht, ein abrupter, unerwarteter Schluss. Ob die Flucht vor sich selbst nun zu Ende ist und der Ruf des Lebens fortan verwirklicht werden kann, bleibt offen.

Schlussbetrachtung

Die drei hier gewählten Beispiele aus der Literatur zeigen, in welcher Weise Träume in das Leben hineinwirken und es von innen her gestalten können. Träume formen Leben und Bewusstsein, sie decken Hintergründiges und Verdrängtes in der Persönlichkeit auf und machen es bewusst, wie wir bei Gustav von Aschenbach in Thomas Manns Erzählung gesehen haben.

Wie sich ein innerseelischer Prozess in einem synchron geschehenen Ereignis materialisieren kann, bringt uns Marie Luise Kaschnitz nahe. Der Autorin gelingt eine spannende Veranschaulichung des von Jung beschriebenen Vorgangs der Synchronizität. Bernhard Schlinks Erzählung zeigt uns, wie ein früh geträumter Traum einen Lebensentwurf beinhalten kann, der erst sehr später wieder als Aufforderung zu Neuem ins Bewusstsein tritt.

Der Berührungspunkt zwischen Literatur und Traum wird in einem Bekenntnis des Dramatikers Heiner Müller (1929-1995) überzeugend formuliert, wenn er sagt:

> *Das Problem des Schriftstellers, überhaupt des*
> *Künstlers, ist doch, dass er sein ganzes werktätiges*
> *Leben versucht, auf das poetische Niveau seiner*
> *Träume zu kommen.*
> zit. nach H. Gidion, S. 8

Uns, auch wenn wir keine Schriftsteller sind, geht es insofern ähnlich, als die fiktiven Traumdarstellungen und Imaginationen der drei bzw. vier Textbeispiele uns deshalb so stark berühren, weil sie auch unseren Erfahrungen entsprechen und eventuell zu einer *révision de vie* und zu Neuaufbruch motivieren können.

Literatur

Alt, P.-A. (2002): Der Schlaf der Vernunft. Literatur und Traum in der Kulturgeschichte der Neuzeit. München: C.H. Beck.

Gersdorff, D. v. (1997): Marie Luise Kaschnitz. Eine Biographie. Frankfurt a. M.: Insel.

Gidion, H. (2006): Phantastische Nächte. Traumerfahrungen in Poesie und Prosa. Göttingen: Vandenhoeck und Ruprecht.

Homer (1956): Odyssee. Griechisch und Deutsch. Darmstadt: Tempel.

Kaschnitz, M. L. (1969, 5. Aufl.): Eines Mittags, Mitte Juni. In: Lange Schatten. Erzählungen. München: dtv.

Mann, T. 1963): Der Tod in Venedig. In: Gesammelte Erzählungen. Frankfurt a. M.: S. Fischer.

Schlink, B. (2000): Die Frau an der Tankstelle. In: Liebesfluchten, Erzählungen. Zürich: Diogenes.

Seifert, T. (2003): Synchonizität. In: Müller, L. und Müller, A. (Hrsg.) (2003)*: Wörterbuch der Analytischen Psychologie. Düsseldorf und Zürich: Patmos/Walter.

traum

Irene Berkenbusch-Erbe

Dr. phil., Analytische Psychologin (DGAP, IAAP), Dozentin und Lehranalytikerin am ISAP Zürich, Dozentin am C. G. Jung-Institut Stuttgart. Arbeit in freier Praxis in Ludwigshafen a. Rhein. Veröffentlichungen auf psychologischem und literarischem Gebiet.

William Blake (1757–1827): Jakobs Traum von der Himmelsleiter, British Museum, London (www.wikimedia.org)

Geträumte Wirklichkeit – Träume in der Bibel

Michael Seibt

Träume sind die Sprache der Sehnsucht. Sie bringen uns voran. Sie führen uns Möglichkeiten vor Augen. Sie bringen uns in Verbindung mit dem Wesentlichen, unserer wahren Natur, der eigenen Essenz oder mit „Gott". Wie wir das nennen, spielt keine Rolle.

Träume sind auch Alarmglocken der Seele. Sie warnen uns, stur auf einem Weg weiterzugehen, der uns nicht gut tut. Sie sagen: *So geht es nicht weiter!* und *Es geht auch anders!*

Träume werden kontrolliert von den vielen „Aber-Einwänden", die unser nörgelnder Geist gegen sie vorbringt. *Ich will meine Träume leben, aber die Welt ist nicht so, dass ich träumen kann.* Also bleibt es, wie es ist. Unzufrieden verheddern wir uns im Gedankenkarussell von *Aber dies …* und *Aber das …*

Kontrolliert werden die Träume auch von der Neigung, ihre Warnungen in den Wind zu schlagen und ihnen keine Aufmerksamkeit zu schenken. Für mich ist darum die tägliche Praxis der Achtsamkeit meine persönliche Traumfabrik ganz ohne Hollywood.

Meine Träume habe ich meistens am Tag. Es sind sehr bewusste Träume. Man könnte auch von luziden Träumen sprechen. Das sind Träume, die klären, erhellen und erleuchten. Bei luziden Träumen wirkt das Unbewusste immer mit. Es sind Träume, die mir mit großer Klarheit vor Augen führen, was wirklich in mir steckt, nämlich das wunderbare menschliche Potenzial, das sich in mir verkörpert hat. Solche Träume beziehen sich auf die erhellende Bild- und Sprachwelt archetypischer Wahrheit.

In dieser Perspektive stehen Träume für die eigentliche Wirklichkeit. Die Wirklichkeit ist geträumt. Daneben gibt es die uneigentliche Wirklichkeit dessen, was wir für wirklich halten, es aber nicht ist: der Glaube an unsere Ängste, Gedanken, Kommentare und Interpretationen. Diese uneigentliche Wirklichkeit wendet sich gegen die geträumte Wirklichkeit. Das Vakuum füllt sie mit Glauben.

Gerade als Theologe halte ich nichts vom Glauben. Glaube hält bloß etwas für wahr oder glaubt „an" etwas und füllt so die Lücken unseres Verständnisses von Wirklichkeit. Das hat die Religionskritik zu Recht erkannt. Glaube verkörpert nicht, was er glaubt. Wer glaubt, ist es nicht selbst. Und will es auch gar nicht sein, denn wenn man es wäre, würde es das Leben auf den Kopf stellen. Es ist sehr viel einfacher, einen Glauben zu haben als Träume zu leben.

Deshalb glaube ich auch nicht „an" Gott. Ich nehme mir die Freiheit, meinen Traum zu leben und mich für eine Verkörperung Gottes zu halten. Die Theologen haben dafür ein schönes Wort: Inkarnation, drastisch: Fleischwerdung. Bloß beschränken sie das gewöhnlich auf Jesus als einzigen Menschen, von dem man das sagen dürfe. Damit machen sie den Traum klein und den Glauben groß. Manche Weihnachtslieder beharren aber auf dem Traum für alle: „In unser armes Fleisch und Blut verkleidet sich das ewig Gut." (EG 23,2) Träumen wir das nicht mehr, muss Glaube an die eigentliche Wirklichkeit erinnern. Das ist aber nur ein mickriger und sehr verkopfter Ersatz für die Verkörperung der Wahrheit.

Verlieren wir den Bezug zur Wahrheit der wichtigsten archetypischen Träume, dümpelt das Leben so vor sich hin, und wir fragen uns, ob es das schon gewesen ist. In der Tat: Das ist es gewesen, wenn wir die Träume nicht als die Sprache der Seele erkennen und entziffern. Sie rufen uns in die Freiheit der Kinder Gottes.

Und damit bin ich beim ersten und für mich wichtigsten von einigen biblischen Träumen, mit denen ich mich in diesem Beitrag beschäftigen will. Ich meine den Traum von der Gotteskindschaft. In der biblischen Sprache ist vom „Vater" die Rede. Aber an diesem belasteten Sprachbild mache ich die Kindschaft nicht fest. Lieber ist mir da Meister Eckhart, der sagt: „Gott gebiert mich als sich und sich als mich." Er nimmt damit Bezug auf die Gottesgeburt im Menschen und verlegt die weihnachtliche Krippe in die Existenz jedes Menschen.

Viele „Aber-Gedanken" wenden sich gegen diesen Traum von der Gottesgeburt im Menschen. Eines dieser „Aber" hat Herodes geglaubt, ein Beispiel dafür, wie Glaube zum Albtraum werden kann. Aus Angst vor dem geglaubten und befürchteten Machtverlust befahl Herodes der Legende nach den Kindermord von Bethlehem. Der Kindermord ist der Kontrasttraum zur Gotteskindschaft. Josef träumt darauf in Ägypten, wohin die Familie geflohen ist, von der Möglichkeit, wieder zurückzukehren. Der Traum führt wieder zurück in die Wirklichkeit, die der Glaube nicht gelten lassen kann.

Jeder essenzielle Traum hat einen gedachten oder gefühlten Gegentraum. Der Gegen-

Jesus und der sinkende Petrus. Julius Schnorr von Carolsfeld (1794–1872), Holzschnitt aus „Die Bibel in Bildern", 1860, (www.wikimedia.org)

traum ist die Ausgeburt der angstvollen Seele, die keinen Frieden hat. Der Gegentraum steht nicht für die Wirklichkeit. Er steht für die Projektion der Seele, die ihren Verlust und ihre innere Heimatlosigkeit auf die Welt überträgt und dort bekämpft, was sie befürchtet.

Der archetypische oder essenzielle Traum hingegen steht für die geträumte Wirklichkeit, in der wir uns als Menschen frei und zuversichtlich bewegen können. Ich nenne solche Träume deshalb „essenziell". In diesen Träumen sind wir mit dem verbunden, was uns als Menschen eigentlich ausmacht. Es handelt sich dabei um Initiationen in die Wirklichkeit.

Eine solche Initiation haben wir nötig, weil wir dazu neigen, unsere erdachten Albträume und inneren Dramen für wirklicher zu halten als das, was ist. Um den „essenziellen Träumen" näher zu kommen, braucht es eine Entdramatisierung des Lebens und des öffentlichen Dialogs. Dafür gibt es spirituelle Übungswege aus der Mystik aller Religionen. Ich meine insbesondere die Praxis von Achtsamkeit und Meditation mit Blick auf östliche Wege und die Praxis der Kontemplation mit Blick auf westliche Wege. Bereichert um moderne Einsichten und Verfahren der humanistischen Psychologie und der Jung'schen Arbeit mit der Imagination heilsamer archetypischer Wahrheit sind sie eine wirksame Einführung in die geträumte Wirklichkeit.

An weiteren biblischen Beispielen mag das deutlich werden. Die Geschichte von Jesus und dem sinkenden Petrus auf dem See (Matthäus 14, 22-32) malt die archetypische Wahrheit vom Gehen über den Abgrund der Seele vor das innere Auge. Während Jesus diese Kunst beherrscht, meint Petrus, dafür die Anordnung der spirituellen Autorität zu benötigen, die ihm befiehlt, es ihr gleichzutun. Weil es ihm jemand sagt, glaubt er, dass er es kann. Prompt geht er unter. Das „Gehen über das Wasser" ist noch nicht zu seiner verkörperten Wahrheit geworden. Der Protestantismus irrt an dieser Stelle, wenn er meint, alles ins „Wort" packen zu können.

Ein besonders bekannter biblischer Traum zeigt sehr schön die Verbindung zur Essenz, die mitten in Konflikt und Krisen die Wahrheit der geträumten Gotteswirklichkeit aufleuchten lässt. Als er mit seinem Bruder wegen eines Betrugs in Feindschaft lebt, träumt Jakob von der Himmelsleiter (1. Mose 28).

Die Leiter ist das Symbol für die Einheit von oben und unten, Himmel und Erde. Auf dieser Leiter steigen Engel auf und nieder, die Boten also, die auch in der Weihnachtsgeschichte auftreten und ihr „Fürchte dich nicht" verkünden.

Nicht der Albtraum der Betrugsgeschichte bringt die Wahrheit Jakobs zur Sprache. Seine essenzielle Wahrheit verdeutlicht das Traumbild von der Einheit des Lebens, das die Spaltungen vereint und die Feindschaft auflöst. Der Traum bringt ihm die Erkenntnis, dass „an dieser Stätte" Gott gegenwärtig ist. „Und ich wusste es nicht!" Die Geschichte verbindet die essenzielle Wirklichkeit noch mit einem geografischen Ort, wie es dem damaligen Verständnis entsprach. Heute dürfen wir diesen „heiligen" Ort im Tempel des Lebens und der eigenen Verkörperung Gottes suchen.

Die geträumte Wirklichkeit ermöglicht dem Jakob das Wagnis, sich dem erbosten Bruder wieder vorsichtig zu nähern. Jahre später geht er ihm entgegen – mit viel Furcht (1. Mose 32). Die Begegnung mit der essenziellen Wirklichkeit hat ihn bereitgemacht und lässt ihn staunen über die „Treue", die hier waltet. Bevor es aber zur Begegnung kommt, ringt Jakob in der Nacht mit einem unbekannten Gegner, seiner eigenen Geschichte, wie ich das deute. Die lässt ihn verwundet zurück.

Zugleich kann die göttliche Essenz ihn jetzt segnen. Die geträumte Wirklichkeit erschließt sich ihm. Dabei bleibt das „arme Fleisch und Blut" verwundet und doch verkleidet sich das „ewig Gut" in genau dieses verwundete Leben.

Das ist die große Transformation, die durch die geträumte Wirklichkeit an uns geschieht. Wir wachen auf aus unseren erdachten oder gefühlten Albträumen. Man bezeichnet das in den verschiedenen spirituellen Traditionen auch als „Erwachen" oder „Erleuchtung". Der luzide Traum öffnet das Bewusstsein, wie es

traum

Rembrandt (1606–1669), Jakob ringt mit dem Engel, Gemäldegalerie Berlin (www.wikimedia.org)

Welt, in der unsere Psyche jede Menge Zäune, Grenzen und Barrieren aufgestellt hat, um sich vor den Zumutungen Gottes zu schützen.

In der therapeutischen und seelsorgerlichen Praxis wird es darauf ankommen, den essenziellen Traum freizulegen. Dort und nicht in der Ich-Person, dem sogenannten Ego, finden sich die eigentlichen Ressourcen. Der heilsame Zugang zur Essenz geschieht durch behutsame Zuwendung und inneres

Erforschen der Grenzen, die dem Menschen das Paradies verwehren. Der Engel mit dem Flammenschwert – für mich sind das die Manager und Feuerbekämpfer der Seele – hat solange eine wichtige psychische Funktion, bis die Seele bereit ist, der essenziellen Wahrheit zu begegnen.

Die systemische Therapie durch Erkundung der „inneren Familie" (IFS nach Richard Schwartz) ist mir hier eine große Hilfe. Solange die Seele oder das Selbst dafür noch nicht offen ist, müssen die inneren Manager und Feuerbekämpfer die Ängste in Schach halten. Erst wenn der dynamische Prozess des Lebens ins Erwachen führt, kann die Seele auf die alten Dienste der psychischen Eingrenzung und Konditionierung verzichten. Für eine nachhaltige Therapie und Seelsorge ist diese spirituelle Perspektive auf die geträumte Wirklichkeit von großer Bedeutung.

das Pfingstlied besingt: „O komm, du Geist der Wahrheit und kehre bei uns ein, verbreite Licht und Klarheit, verbanne Trug und Schein." (EG 136,1)

Es ist ein Ankommen in der Wirklichkeit Gottes. Alle inneren Kommentare, Ängste, Sorgen und Befürchtungen und jeder Glaube treten zurück. Stattdessen erlebt der Mensch den offenen Raum der göttlichen Möglichkeiten. Die Naturwissenschaftler bezeichnen das als die „Potenzialität der Wirklichkeit" (Hans-Peter Dürr).

Innerhalb eines bestimmten Korridors von Möglichkeiten entfaltet sich die Wirklichkeit als kreativer und dynamischer Prozess. Darum ist der luzide Traum so etwas wie eine Antizipation der essenziellen Wirklichkeit in einer

Michael Seibt
Jahrgang 1955, evangelischer Pfarrer in der Brückenseelsorge an einer Klinik für Psychiatrie, Psychotherapie und Psychosomatik in Reutlingen, MBSR-Lehrer, Supervisor und Coach DGSV. Weitere Informationen: www.mbsr-coaching-tuebingen.de.

„Traum und Wirklichkeit"

in Natascha Wodins: „Sie kam aus Mariupol"

für Sie gelesen von Annette Kuptz-Klimpel

Natascha Wodin: Sie kam aus Mariupol
ISBN 978-3-498-07389-3
368 Seiten
Rowohlt-Verlag 2017

Welche psychischen Möglichkeiten hat ein Kind ehemaliger ukrainischer Zwangsarbeiter, das in schwierigsten Verhältnissen und krasser Armut im Nach-Kriegsdeutschland aufwächst, dessen Bezugspersonen schwer traumatisiert sind und nur sehr begrenzt in der Lage, auf seine emotionalen Bedürfnisse einzugehen und ihm Geborgenheit und Sicherheit zu geben?

Das Kind schafft sich mittels seiner Fantasie und seinen sehnsuchtsvollen Träumen nach einem besseren Leben kompensatorisch eine neue Familiengeschichte, um das alltägliche Elend der seelischen Vereinsamung in seiner Familie, die Verachtung und Entwertung als „Russenkind" und das Ausgestoßensein aus der deutschen Nachkriegsgesellschaft überleben zu können. Nachzulesen ist dies im ersten Kapitel des Buches *Sie kam aus Mariupol*, der aus der Ukraine stammenden Schriftstellerin Natascha Wodin.

Freud sprach vom „Familienroman des Neurotikers": Das Kind versucht mithilfe seiner Fantasie und Tagträumen, „die gering geschätzten Eltern loszuwerden und durch in der Regel sozial höher stehende zu ersetzen" (Freud 1999, S. 229).

Aus Sicht der Analytischen Psychologie kann der Familienroman des Kindes auch als Größenfantasie verstanden werden, mit der eine schmerzliche Kränkung oder Zurücksetzung kompensiert wird im Sinne einer Selbstregulierung. Überpersönlich könnten aber auch archetypische Aspekte anklingen, die mit dem Archetyp des Helden in Verbindung stehen: Zum Heldenmythos gehört das Motiv des ausgesetzten und verlassenen Kindes, das jedoch edler Herkunft ist und oft zwei Elternpaare hat, menschlichen und göttlichen

Ursprungs. Durch die Fantasie, ein noch nicht erkannter Held zu sein und tatsächlich von höherer /göttlicher Abstammung zu sein, wird das archetypische Feld des Helden aktiviert. „Wenn man wieder seinen Heldenmythos hat, kann man leben. Man wird durch ihn instinktiv ermutigt." (von Franz 1986, S. 122)

Natascha Wodin beschreibt in eindrücklicher Weise ihren „Familienroman", den sie als „gedemütigtes Russenkind" den deutschen Kindern erzählte (S. 25):

Meine Eltern, für die ich mich schämte, seien gar nicht meine wirklichen Eltern, sie hätten mich auf ihrer Flucht aus Russland im Straßengraben gefunden und mitgenommen. In Wirklichkeit würde ich aus einer reichen russischen Fürstenfamilie entstammen, die Schlösser und Güter besaß.

Wodin wurde als Kind verschleppter ukrainischer Zwangsarbeiter 1945 in Fürth/Bayern geboren. Ihre Eltern kamen 1944 als sogenannte Ostarbeiter aus der Ukraine unfreiwillig oder freiwillig als Arbeitssklaven ins Nazideutschland nach Leipzig und wurden in der Rüstungsindustrie des Flick Konzerns ausgebeutet.

In ihrer Kindheit lebte die Familie unter ärmlichsten Bedingungen in einem Lagerschuppen einer Metallfabrik, in den berüchtigten Valka-Barackensiedlungen in Nürnberg, in denen die "Displaced Persons" nach dem Krieg untergebracht waren und schließlich in einer Siedlung für "Heimatlose Ausländer" (wie Zwangsarbeiter damals bezeichnet wurden) am Rande von Forchheim.

Als Kind wusste sie nicht, dass ihre Eltern unfreiwillig als Arbeitssklaven nach Deutschland gekommen waren (S. 24):

Ich wusste nur, dass sie zu einer Art Menschenunrat gehörten, zu irgendeinem Kehricht, der vom Krieg übriggeblieben war

Da ihre Eltern nie über ihre Vergangenheit gesprochen hatten, musste Wodin aus ihrer kindlichen Perspektive selber eine kompensatorische Antwort finden.

Ihre Mutter erlebte Wodin als gebrochene, deprimierte und traumatisierte Frau, in deren Augen häufig ein Entsetzen stand, das die Mutter mit den Worten benannte (S. 28):

Wenn Du gesehen hättest, was ich gesehen habe ...,

worüber sie aber nie sprach. Sie war eine Frau, die wunderschön singen und Klavier spielen konnte, aber im Alltag an kleinsten Tätigkeiten wie Brot abschneiden oder die Wohnung sauber und ordentlich zu halten, scheiterte und verzweifelte. Wie sehr hätte sie sich eine Mutter gewünscht, wie die ihrer Mitschülerinnen, die stricken oder Knöpfe annähen oder einen Kuchen backen konnte (S. 41)

Die Frau, die ich gekannt hatte, gehörte nicht einmal dem niedrigsten Stand an [...]. Sie war außerhalb aller Stände gewesen, ein slawischer Untermensch, eine arme, desolate Gestalt, nach der man auf der Straße mit Steinen warf.

Ihre Mutter nahm sich 1956 das Leben, nachdem sie, schwer psychisch erkrankt, keinerlei Hilfe oder Behandlung erfuhr. Wodin wuchs danach in einem katholischen Mädchenheim auf und teilweise bei ihrem gewalttätigen, despotischen Vater.

Nachdem sie eine Sprachenschule besucht hatte, arbeitete sie als Dolmetscherin und übersetzte aus russischer Literatur, bis sie als Schriftstellerin (Debütroman: *Die gläserne Stadt*, 1983) tätig wurde und Anerkennung fand.

Wodin erlebte sich im Erwachsenenalter als „herkunftsloses und wurzelloses Einzelwesen". Ihre Mutter stellte nur eine „innere Figur" für sie dar, die sie sich geschaffen hatte, um die innere Leerstelle zu füllen.

Im Laufe der Jahrzehnte hatte sie immer wieder versucht, eine Spur ihrer Mutter zu finden, einen Beweis für ihr Leben in der Ukraine, bevor sie als 23jährige zusammen mit Wodins Vater zur Zwangsarbeit nach Leipzig deportiert worden war.

Tatsächlich gehörten zu den wenigen Habseligkeiten der Mutter aus der Ukraine eine wertvolle Ikone und drei Schwarzweißfotos mit großbürgerlich gekleideten Menschen, die Wodin mit der von der Mutter geschilderten krassen Armut, in der sie aufgewachsen sei, nicht in Zusammenhang bringen konnte. Wodin selbst erinnerte sich an das russische Wort „advokat", was der Beruf des Vaters ihrer Mutter gewesen sei und dass die Mutter ihrer Mutter aus einer vermögenden italienischen Familie gestammt habe. Der Bruder der Mutter sei Opernsänger gewesen.

2013 machte sich Wodin mithilfe des russischen Internets erneut auf die Spurensuche. Im ersten Kapitel beschreibt Wodin den überaus spannenden Weg der Suche nach der Geschichte ihrer Mutter Jewgenia, die 1920 geboren wurde. Sie erfährt, dass Mariupol am Asowschen Meer, der Geburtsort der Mutter, zu der Zeit noch stark von griechischer Kultur geprägt war und dass die Stadt begünstigt ist durch ein ausgesprochen mildes Klima, umgeben von Weinbergen.

Unterstützung erhielt Wodin von dem Ahnenforscher Konstantin, einem russischen Ingenieur, der das Forum *Azovs Greek* betrieb, ein Forum für Griechischstämmige aus der Ukraine. Konstantin hilft ihr mit seinen historischen Nachforschungen.

Der Leser wird Zeuge der Spurensuche, bei der beharrliches Nachforschen, verbunden mit etwas Glück, nach und nach Erkenntnisse zu Wodins Familie aus dem Dunkel ins Licht bringen. Der Name ihrer Mutter Jewgenia Jakowlewna Iwaschtschenko, Geburtsjahrgang 1920, findet sich tatsächlich in einem Verzeichnis, das wegen eines relativ bekannten griechischstämmigen Philosophen und Psychologen aus der Verwandtschaft ihrer Großvater-Generation existiert.

Für Wodin ist es wie ein Schlag, den sie bekommt und ungläubig zur Kenntnis nimmt: Ihre Mutter entstammte tatsächlich einer großbürgerlichen Kaufmannsfamilie italienischer Abstammung und einer russischen verarmten Aristokratenfamilie, deren Wohlstand und Lebensstil im Zuge der russischen Revolution vernichtet wurden. Ihre Vorfahren führten zur damaligen Zeit ein großbürgerliches Leben und bewohnten ein beeindruckendes Anwe-

Mutter und Großmutter: Jewgenia Jakowlewna Iwaschtschenko und ihre Mutter, etwa 1938 (Foto aus dem Buch *Sie kam aus Mariupol*)

sen, deren Alltagskultur nach und nach für sie erkennbar wird in den verblichenen Schwarz-Weiß- Fotos, die Wodin im Nachlass ihrer Mutter fand.

Was muss es für Natascha Wodins Selbstwertkomplex und Identitätsgefühl eine Aufwertung und Stärkung gewesen sein, als sie herausfindet, dass die Wirklichkeit über ihre Familie ihrem erträumten Familienroman sehr nahe kommt? Sie bemerkt dazu recht lapidar (S. 44):

Mir war, als bräuchte ich einen zweiten Kopf, um all das zu fassen, in mich aufzunehmen, zu verstehen. Bisher hatte ich immer erlebt, dass die Wahrheit sich als Lüge herausstellte, nun es war zum Lachen, hatten meine Kinderlügen sich doch in ihrem Kern als Wahrheit erwiesen.

Könnte es nicht auch bedeuten, dass die junge Natascha in ihrem erträumten „Familienroman" unbewusstes Wissen und Ahnungen über den Hintergrund der Mutter einfließen ließ, der ihrem Bewusstsein nicht zugänglich war? Wodin kann über ihre Internetsuche noch lebende Verwandte ausfindig machen. Es öffnet sich Stück für Stück „die Blackbox ihres Lebens", die jedoch nicht nur positive Aspekte bereithält, sondern auch dunkle Familiengeheimnisse. Sie tritt in Kontakt mit ihrer Cousine Jewgenia in Kiew, der Tochter des Bruders ihrer Mutter, der Opernsänger war.

Nach und nach kann Wodin immer mehr Facetten an ihrem Familienstammbaum ergänzen. Ihr gelingt es, die Opfer-Akte ihrer verstorbenen Großtante Lidia einzusehen, wdurch sie Näheres über deren tragisches Leben erfährt. Die neun Jahre ältere Schwester der Mutter, studierte Literaturwissenschaftlerin, wurde 22jährig als Konterrevolutionärin von der stalinistischen Regierung in die sibirische Verbannung deportiert. Später lebte sie in der Nähe Moskaus. Sie tritt in Kontakt mit dem Enkel von Lidia, der Wodin von seinem noch lebenden Onkel Igor, Lidias Sohn, einem betagten Ingenieur in Sibirien berichtet. Ihn besucht sie und erhält von ihm ein wertvolles Geschenk: den schriftlichen Lebensrückblick ihrer Tante Lidia.

Wodins Mutter hatte immer wieder von dem Trauma gesprochen, dass ihre Mutter in den Vierzigerjahren verschollen und nie wieder aufgetaucht sei. Wodin erhält hier eine Antwort: Ihre Großmutter hatte die Tochter Lidia in Sibirien besucht und war durch die Wirren des 2. Weltkriegs nicht mehr in die Ukraine zurückgekehrt. Später lebte sie aber in der Nähe von Moskau und sei dort erst sieben Jahre nach dem Tod von Wodins Mutter verstorben. Sie erhält damit tiefe Einblicke über das Leben ihrer Mutter, aber auch, in welche schwierige politische und persönliche Situation diese als Nachzüglerin hineingeboren wurde.

Für Wodin bedeutete aber das Herausfinden allein der Namen ihrer Vorfahren mehr als nur einen Wissenszuwachs (S. 47):

Mir kam es vor, als hätte ich mit dem Namen der Mutter meiner Mutter sie selbst gefunden. Mathilda Iosifowna, die sich auf die weite Reise zu ihrer verbannten Tochter Lidia gemacht hatte und nicht wiedergekommen war. Es schien als hätte mein Fund jenen Teil des Unglücks meiner Mutter rückgängig gemacht, der im Schmerz um ihre verschollene Mutter bestanden und dazu beigetragen hatte, dass sie nicht mehr leben konnte. Immer wieder stellte ich mir vor, zu meiner Mutter zu laufen und ihr die Botschaft zu überbringen: Mathilda Iosifowna, deine Mutter, ich habe sie wiedergefunden, Mathilda, erkennst Du sie wieder? Ich habe sie wirklich gefunden, hier ist sie, schau ...

Wodin beginnt aber auch zu verstehen, dass ihre Mutter deshalb ihre Herkunft nie erwähnt hatte, da es in der Zeit der russischen Revolu-

tion nichts Schlimmeres gegeben hätte, als adlig zu sein (S. 51):

Und wahrscheinlich vermischte sich in ihr die Angst mit Selbstverachtung und Scham, weil sie nach und nach selbst geglaubt hatte, dass Menschen wie sie ein minderwertiger Auswuchs der Gesellschaft waren, dass sie keine Lebensberechtigung besaßen, sondern auf den Müll der Geschichte gehörten. Sie war nicht erst in Deutschland zum Untermenschen erklärt worden, sie war bereits in der Ukraine einer gewesen, meine arme kleine, verrückt gewordene Mutter, die aus dem dichtesten Dunkel des blutrünstigen 20. Jahrhunderts kam.

Dadurch, dass „die Blackbox ihres Lebens" sich für Wodin öffnete, bringt sie dankbar zum Ausdruck, dass sie sich zum ersten Mal in ihrem Leben nicht außerhalb der Menschheitsgeschichte stehend erlebt, sondern sich zugehörig fühlt, wie jeder andere auch. Das Wissen um ihre Vorfahren ist für sie identitätsstiftend und schafft menschliche Verbundenheit.

Im zweiten Kapitel schreibt Wodin mithilfe der gefundenen Tagebuchaufzeichnungen ihrer Tante Lidia über deren Leben, wie auch über die Zeit des Bürgerkriegs nach der russischen Revolution, den Zeiten der stalinistischen Säuberungen und des Elends und Hungers, dem das Volk ausgesetzt war. Sie erhält wichtige Erkenntnisse über die Lebensgeschichte ihrer Mutter. Jewgenia wurde als Nachzüglerin geboren, ihre Mutter war bereits 43 Jahre bei ihrer Geburt, ihre Eltern selbst zwei Entwurzelte. Jewgenias Mutter brach auf, um ihre Tochter Lidia in Sibirieren zu besuchen und kehrte nie zurück. Ihr Vater nahm sich selbst das Leben. Wodin begreift, dass ihre Mutter als Nachzüglerin nicht nur in eine Fülle von Gewalt und Vernichtung hineingeboren wurde, sondern auch in eine große Leere, da ihre nahen Verwandten fast alle verstorben waren (vgl. S. 53).

Möglicherweise hatte ihre noch junge Mutter eine Vaterfigur in ihrem 20 J. älteren Mann gesucht und ihn auch aus diesen Gründen geheiratet.

Im Kapitel 3 beschreibt Wodin, teilweise fiktional, wie ihre Eltern 1944 als Zwangsarbeiter nach Leipzig deponiert wurden. Bei einem Rüstungsbetrieb des Flick-Konzerns müssen sie täglich zwölf Stunden arbeiten, z.T. unter unmenschlichen Bedingungen, sind Unberechenbarkeit und Willkür ausgesetzt.

Sie versucht die massenhafte Deportation der Ukrainer nachzuvollziehen, die als die minderwertigsten Slawen galten, versucht zu verstehen, wie sich der harte Lageralltag für ihre Eltern angefühlt haben könnte und wie die Lebens- und Arbeitssituation ihre Mutter traumatisierte und krank machte.

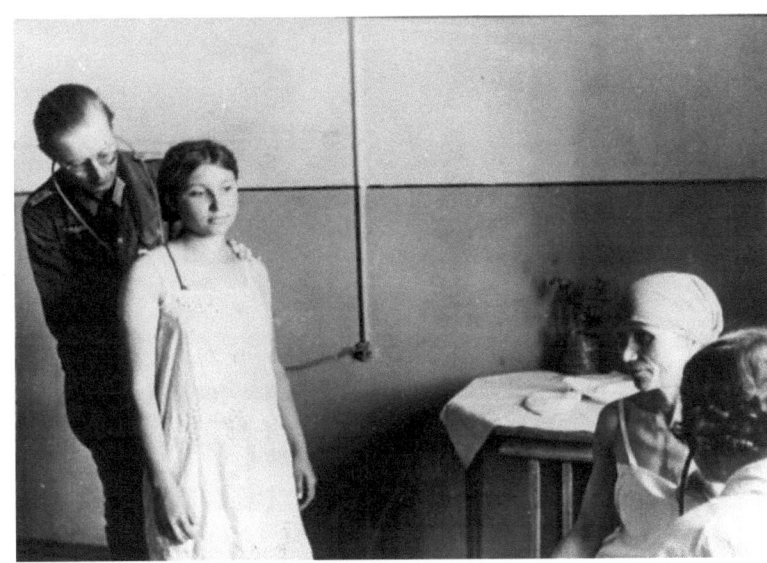

Die Zivilbevölkerung in Artjomowsk (Ukraine) muss sich in dem von der deutschen Verwaltung eingerichteten Arbeitsamt melden, um bei Tauglichkeit als Zwangsarbeiter in der deutschen Rüstungsindustrie eingesetzt zu werden. Vor dem Abtransport nach Deutschland werden die Arbeitsdienstverpflichteten untersucht. (www.wikimedia.org)

Wodin wirft in ihrem Buch einen längst überfälligen Blick auf dieses dunkle Kapitel deutscher Geschichte. Über das Schicksal der Millionen Menschen aus dem Osten, die als Zwangsarbeiter in über 42.500 Lagern interniert waren, ist erschreckend wenig bekannt. Nach Kriegsende wurden diejenigen, die die Lager überlebten, zwangsrepatriiert, d.h. in die Heimat zurückgeschickt, wo sie als Vaterlandsverräter galten und als Strafe ein Leben im Gulag oder am Rand der Gesellschaft erwartete. Wodins Eltern blieb dieses Schicksal nur erspart, weil sie vor den Sowjets von Leipzig nach Nürnberg geflüchtet waren.

Es ist ihr ein Anliegen, am Beispiel ihrer Mutter auf das Schicksal der Zwangsarbeiter aufmerksam zu machen. Über die Bedeutung des Traumas für die nachfolgende Generation der Holocaustüberlebenden wurde vieles publiziert, über Kinder von sogenannten Zwangsarbeitern jedoch bisher nichts.

Im vierten Kapitel beschreibt Wodin das triste Leben der Familie ab ihrer Geburt, zunächst in einem Lagerschuppen, später im Lager und in einer Einfachstwohnung in einer Siedlung für DPs am Rande von Fürth. Ihre Kindheit wurde geprägt von Armut und Gewalt, der Traumatisierung und depressiven Erkrankung

der Mutter, die keine Kraft, keinen Lebenwillen mehr hatte und den Töchtern mehrfach ihren Selbstmord ankündigte. So fragte die Mutter die Töchter, ob sie mit ihr ins Wasser gehen wollen.

Wodin erfuhr von ihren Eltern keine Hilfe, wenn ihre Lehrerin den Kindern von den Gräueltaten der Russen erzählt, von deren Mordgier und Bestialität und somit Wodins Mitschüler regelrecht antrieb, Jagd auf sie als „Russenkind" zu machen. Sie beschreibt, wie sie in Todesangst vom Mob der Kinder verfolgt wurde und um ihr Leben rannte, bis sie in die elende Siedlung am Rande der Stadt gelangte.

Ihren Vater erlebte Wodin als verbitterten, aggressiven, unsteten Mann, der ihrer Mutter mit seiner Rigidität das Leben erschwerte und bei den Kindern die körperlichen Strafen durchführte. Als Mitglied eines Kosakenchors war er häufig auf Tourneen durch Deutschland.

Gegen Ende des Buches wird deutlich, dass Wodin nicht von alleine auf die Fantasie kam, ein Findelkind zu sein, sondern dass ihre psychisch kranke Mutter, die ihre Tochter wegen ihrer blonden Haare und andersartigem Aussehen ablehnte, zu dieser Fantasie beitrug, dadurch dass sie ihr erzählte, dass ihre wirkliche Mutter, die eines Tages komme,

Foto: Natascha Wodin auf der Leipziger Buchmesse 2017
(www.wikimedia.org)

um sie abzuholen, genauso blond sei wie sie
(vgl. S. 304)

Der Tod der Mutter wurde oftmals von ihr angekündigt, die junge Natascha ahnte sehr früh,
in welch auswegloser Situation die Mutter aufgrund ihrer psychischen Erkrankung war, erhielt aber genauso wenig Hilfe, wie ihre Mutter. Die ertränkte sich im Oktober 1956 in dem
Fluß Regnitz.

Natascha Wodin hat ein Buch über die Suche nach ihren Wurzeln geschrieben, das sich
von Anfang bis Ende hochspannend, teilweise
wie ein Krimi liest. Ihr Buch gilt als Biographie
mit fiktionalen Elementen und erhielt zu Recht
den Alfred-Döblin-Preis 2015 (für das unveröf-
fentlichte Manuskript) und den Preis der Leipziger Buchpresse 2017.

Es ist ihr gelungen, den Leser in beeindruckenden Bildern mitzunehmen in die unter-
gegangene Zeit des russisch-ukrainischen
Großbürgertums und Adels am Anfang des
19. Jahrhunderts, wie auch in die Zeit des Bürgerkriegs nach der russischen Revolution und
der stalinistischen Säuberungen, die überaus
gewalttätig war und unzählige Opfer forderte.
Zugleich beschreibt sie am Schicksal ihrer Eltern, die als Zwangsarbeiter nach Leipzig kamen, dieses dunkle Kapitel der deutschen Geschichte.

Ihr Buch könnte als Lehrstück verstanden
werden für die transgenerationale Trauma-

weitergabe. Über etliche Generationen taucht Wodin in ihre Familiengeschichte ein, bringt sowohl lichte Aspekte zutage, die ihrem kindlichen
„Familienroman" nahe kommen, als
auch dunkle, die Familiengeheimnisse
einschließen.

Es ist ein Buch über die Suche nach
Identität, auch der familiären Identität.
Es ist nur zu erahnen, was Wodin dieser Identitätszugewinn bedeutet, für
sie als Entwurzelte, ewig Heimatlose,
die in ihren Büchern ihre Sehnsucht
nach Zugehörigkeit und Selbstak-
zeptanz immer wieder aufs Neue beschreibt.

Angesichts der gegenwärtigen
Flüchtlingskrise und des gesellschaftlichen
Gespaltenseins im Umgang mit der Intergra-
tion der Flüchtlinge gibt dieses Buch auch tiefen Einblick. Anhand des Einzelschicksals von
Natascha Wodin zeigt es, welche nachhaltigen
seelischen Verwundungen entstehen, wenn
entwurzelte Menschen keinerlei Hilfe erhalten,
in einer Gesellschaft aufgenommen zu werden
und ihre transgenerationalen Traumata zu verarbeiten.

Literatur
Wodin, Natascha (2017): Sie kam aus Mariupol Reinbek
bei Hamburg: Rowohlt.
Freud, Sigmund (1999: Gesammelte Werke Bd. 7. Frankfurt a. M.: Fischer.
v. Franz, Marie-Luise (1986): Psychologische Märchenin-
terpretationen. München: Kösel.

Annette Kuptz-Klimpel
Dipl. Sozialpädogogin, Analytische Kinder- und Jugendlichen-Psychotherapeutin in freier Praxis; Dozentin und Su-
pervisorin am C. G. Jung-Institut Stuttgart. Schwerpunkte
sind Symbole und Märchen sowie das Spiel als Heilungs-
faktor in der Kinder- und Jugendlichenpsychotherapie.

8 1/2 – Aus Traumwelten geboren
Ein Film von Frederico Fellini

Dieter Volk

In Deutschland kommt es eher selten vor, dass sich bekannte Persönlichkeiten über ihre Psychoanalyse äußern. In Italien dagegen – so heißt es – gäbe es diesbezüglich weit weniger Scheu. So haben sich die Schriftsteller Natalia Ginzburg und Giorgio Manganelli voller Wertschätzung darüber ausgelassen. In den Fünfzigerjahren war es unter italienischen Kulturschaffenden durchaus üblich, sich über ihre Analytiker auszutauschen, dabei kursierten die verschiedensten Tipps und Empfehlungen. Ein Name, gewissermaßen ein Geheimtipp, taucht immer wieder auf: der des 1936 von Berlin nach Rom emigrierten deutschen Juden Ernst Bernhard, der bei C. G. Jung in Analyse war. Mitgebracht nach Italien hat er die Gedanken der Analytischen Psychologie, vor allem sein Wissen über den therapeutischen Effekt der Traumarbeit.

Marcello Mastroianni als *Alter Ego* Fellinis

Auch Federico Fellini, der Anfang der Fünfziger eine Psychoanalyse angefangen, diese aber wegen ihrer Rigidität und ihres Schematismus bald abgebrochen hatte, war an derlei Adressen interessiert, denn trotz aller Erfolge war er immer wieder von Zweifeln und Einsamkeit heimgesucht. Auch steckte er trotz des Erfolges von *Das süße Leben* (1960) in einer schöpferischen Krise.

Und hier fängt eine Geschichte an, die sich lohnt, erzählt zu werden. Die Journalistin Regina Igel hat diese in einem Radiofeature 2009 (Deutschlandfunk) eindrucksvoll dargestellt.

Es ist die wunderbare Geschichte der Begegnung und Beziehung zweier Menschen, die zu kennen auch dem Verständnis von *8 ½* dienen kann.

Ein kleines Zettelchen
Fellini hatte die Gewohnheit, allerlei Zettel mit Notizen in seiner Jackentasche aufzubewahren. Eines Tages im Spätsommer 1960 zog er eines dieser Zettelchen heraus und entdeckte darauf eine Telefonnummer. In der Annahme, dieses habe ihm eine Verehrerin zugesteckt, wählte er die Nummer. Doch keine Frau war am anderen Ende. Vielmehr meldete sich eine ruhige, männliche Stimme mit deutschem Akzent: „Hier Professor Bernhard." Um seine Verlegenheit zu überspielen, beeilte sich Fellini, beim Psychoanalytiker Bernhard um einen

Termin zu bitten, was er eigentlich gar nicht wollte. Kurze Zeit später öffnete ihm dieser die Tür zu seiner Praxis in der Via Gregoriana, gleich neben der Spanischen Treppe.

Fellini, so erinnert er sich später, fühlte sich sofort heimisch. Der Mann mit der Aura eines orientalischen Meisters gefiel ihm, auch die Räumlichkeiten, die für ihn voll Spiritualität waren. Alles rief in ihm ein Gefühl von tiefem Frieden hervor. Fellini sprach unzusammenhängend von seinen Filmen, seinen Träumen, über Wahrheit und Lüge. Bernhard hörte ihm zu, mit freundlichem Lächeln, voll liebevoller Ironie. Und Fellini fragte Bernhard, ob er wieder kommen dürfe. Einige Zeit war Fellini unsicher, ob er Bernhards Angebot annehmen solle. Dann jedoch entschloss er sich dazu, weniger, wie er meinte, aus neurotischer Not als aus Lust am Austausch mit diesem eindrucksvollen Mann. „Mir gefiel alles an ihm". Von da an sahen sie sich regelmäßig.

Bis zum Tode des Psychoanalytikers im Juni 1965 trafen sich der damals 40-jährige Filmemacher und der 63-jährige Therapeut fast fünf Jahre lang jede Woche. Oft berichtete der Regisseur von parapsychologischen Phänomenen und hätte diese dann am liebsten in einem magischen Licht betrachtet. Der Analytiker jedoch hörte ihm mit großem Interesse zu, um dann lächelnd zu sagen, über all das müssten sie von einem psychologischen Standpunkt aus nachdenken. Dennoch, trotz solcher anfänglichen Enttäuschungen war Fellini bald davon überzeugt, in Bernhard die richtige Person gefunden zu haben, einen Meister, dessen er bedurfte, einen Freund.

Biografen hat er später anvertraut, Bernhard sei für ihn zur wichtigsten Person seines Lebens geworden. Es entstand eine Beziehung aus Freundschaft und totalem Vertrauen, eine Begegnung, ohne die Filme wie *8 ½* und später *Julia und die Geister* nicht hätten entstehen können.

Inneres Chaos

La Dolce Vita war nicht nur ein Erfolg, in dessen Glanz sich Fellini sonnen konnte, sondern auch ein Skandal. Die großen Erwartungen, aber auch die heftigen Proteste wegen der Frivolität des Filmes setzten dem Regisseur mehr zu, als es den Anschein hatte. Zwar hatte er neue Pläne, diese wurden jedoch heftig bedrängt von Ängsten und bedrohlichen Fantasien.

Dass er in dieser Zeit des Chaos und der schöpferischen Krise Bernhard begegnete, war für ihn ein Segen. Bernhard ermutigte ihn, den Blick nach innen zu richten, sich Seiten näher anzusehen, die er in seiner Persönlichkeit als besonders problematisch sah, denn sie könnten sich als die Lichtseiten erweisen. Er regte ihn an, seine Träume zu skizzieren und zu kommentieren, was dieser in der Folge über viele Jahre hinweg auch tat. (Im Jahr 2008 wurde sein fast 600 Seiten umfassendes Traumtagebuch veröffentlicht).

Die Arbeit mit Bernhard, der bei ihm auch die Begeisterung für die Psychologie Jungs und für seine Schriften weckte, bewirkten bei Fellini, dass die Bilder seines Seelenhintergrundes verstärkt und deutlicher nach vorne traten. Dadurch konnte er für sich die eminent wichtige Bedeutung des Unbewussten für das Schöpferische entdecken.

Bereits als Kind war Fellini von der Welt seiner Träume fasziniert. Er berichtet, am Abend habe er es kaum erwarten können, ins Bett zu gehen. Die vier Ecken seines Bettes habe er nach den vier Kinos in seiner Heimatstadt Rimini benannt. Die Vorstellung habe begonnen, sobald er die Augen schloss. Denn schon damals habe er gewusst, „dass es zwei Leben gibt, eines mit offenen Augen und eines mit geschlossenen." Doch darüber sprach er mit niemand, denn er befürchtete, man würde ihn für verrückt halten. Erst später in der Arbeit mit Bernhard, der ihm den dafür nötigen Raum gab, lernte Fellini seine Träume ernst zu nehmen.

Durch die psychoanalytischen Sitzungen nahmen Filme wie *8 ½* und *Julia und die Geister* in seinen Gedanken Form an, und es wurde ihm deutlich, dass er für die Traumsprache andere filmische Ausdrucksformen finden musste. „Die Idee war, das Innenleben der Protagonisten auf eine Weise zu behandeln, dass

das Bewusstsein und das Unbewusste sich ausbreiten wie Rauchringe." Der Film wurde gewissermaßen zu einem Resonanzraum aller möglichen Träume.

Eine einfache Geschichte

Nach seinen ersten acht Filmen hatte Fellini, wie bereits erwähnt, alle Anerkennung erreicht, die sich ein Regisseur wünschen konnte (über Preise und Kritikerlob hinaus sogar die Exkommunikation für *La Dolce Vita*). Zwar hatte er eine neue Idee im Kopf, doch das geplante Projekt wollte nicht gelingen. Schon bei den Vorbereitungen blieb er stecken, schlimmer noch: In der entscheidenden Phase des Prozesses erlitt er eine Schreibblockade. Unfähig, das Vorhaben abzublasen, fand er schließlich eine Lösung: Er wollte seine Geschichte erzählen, die Geschichte eines Regisseurs, dem sein Filmprojekt entglitten ist.

Das Raffinierte an *8 ½* ist, dass man als Zuschauer einen „Film im Film" sieht, *8 ½* ist der Film, in dem *8 ½* entsteht. Er handelt zwar von der Schaffenskrise seines Regisseurs, ist aber das Werk, dessen Entstehung wir mitverfolgen können. Als Protagonist im Zentrum eines recht handlungsarmen Plots steht Guido Anselmi (Marcello Mastroianni als *Alter Ego* Fellinis), ein zutiefst verunsicherter Regisseur, der in einer schweren Krise steckt. Er weiß nicht, wie es mit seinem neuen Filmprojekt weiterge-

hen soll. Seine größte Angst, trotz aller Erfolge als in Wahrheit untalentierter Künstler entlarvt zu werden: „Was, wenn alles nur eine Lügengeschichte war?" Eine Kur in einem italienischen Sanatorium bringt auch keine Ruhe in seine Planungen. Er wollte ihnen entkommen, aber alle sind sie wieder da: die Produzenten, die Schauspieler, seine Geliebte, seine Ehefrau (Anouk Aimee).

Derart bedrängt und unter Druck reflektiert Guido die an ihn gerichteten Ansprüche und Wünsche, setzt sich dabei auch mit seiner katholischen Erziehung auseinander, mit seiner Ehe und mit seinen Liebschaften. Erschöpft bricht der Regisseur das Filmprojekt endgültig ab, um dann aber – nach einem fantasierten Suizid während einer demütigenden gleichfalls irrealen Pressekonferenz – überraschend, gewissermaßen erlöst, doch noch Regie zu führen (*Stirb und werde*).

Mit einer imposanten, einträchtigen Massenszene schließt er mit einem optimistischen Finale den Film ab. Alle bisher aufgetretenen Figuren werden aufgeboten: die Eltern, seine Frau, die Geliebte und viele weitere Menschen, die in Guidos Leben eine Rolle gespielt haben. Animiert von Clowns und Zirkusleuten und in hochzeitliches Weiß gekleidet, tanzen sie einen Reigen, von einem Kind angeführt. Und Guido flüstert Luisa, seiner Frau, zu: „Das Leben ist ein Fest, lass es uns gemeinsam erleben."

„La bella confusione"

Angesichts des sehr verdichteten Geschehens und der Mischung aus Realität und Fiktion kann dem Betrachter – ähnlich dem Protagonisten – ganz schön der Kopf schwirren. Er ist irritiert und verwirrt, denn oft kann er schwer unterscheiden, was objektive und was subjektive Realität ist. Denn Guidos Reflexionen, die Auseinandersetzung mit seinen inneren Themen, das Flüchten in Fantasien und Tagträume, das Auftauchen von Erinnerungs- und Traumbildern finden in der „offenen" Komposition des Films, seiner „Konzeption des scheinbar Planlosen" die entsprechende Darstellung. Nicht von ungefähr war der ursprüngliche Arbeitstitel *La bella confusione*. Gut zu erkennen, dass Fellini seinen Film im Grunde nicht „erfindet", vielmehr „findet" er die Themen und Einfälle in seinem Unbewussten und setzt sie in Bilder und Sprache um.

Das hat zur Folge, dass immer wieder, nahezu unbemerkt, die verschiedenen Ebenen verschwimmen. So wird zum Beispiel dem Zuschauer, – unvermittelt – durch einen Albtraum der aktuelle Seelenzustand des Protagonisten vor Augen geführt; es folgen, realitätsnah, Sequenzen mit Kureindrücken: Ärzte, Pfleger, Filmproduzenten, Schauspieler, Kurgäste; die Geliebte, die Ehefrau, elegante Frauen defilieren, ein Panoptikum der Eitelkeiten und Selbstinszenierung, angereichert mit skurrilem Snobismus. Auch solche Szenen werden wieder unterbrochen von Erinnerungsbildern, in denen viel über Guidos Kindheit, seine Erziehung, über die Hintergründe seiner ihn überkommenden Angstzustände gezeigt wird, darin aber auch Sequenzen über das ihn Tragende.

All dies erfährt der Zuschauer weniger durch ausschweifende Dialoge, vielmehr durch Gestik, durch Mimik oder Blicke; ja selbst die Ausstattung der Szenen oder die Blickwinkel der Kameraeinstellungen geben beredt darüber Auskunft, scheinbar planlos, doch gerade da-

Claudia Cardinale als Claudia

rin von großer Meisterschaft und beeindruckender Leichtigkeit. Auch wenn man nicht die Vielzahl der symbolischen Bilder deuten kann oder will, wird offenbar, was Fellini meinte, wenn er betonte, er könne das Seelenleben seines Protagonisten auch anhand von Innenausstattungen schildern.

Ein Albtraum

Bereits in der Eröffnungssequenz des Films ist die immer wieder als bahnbrechend betonte visuelle Kraft des Films zu verfolgen: Unterlegt von dumpfen Paukenschlägen wird eine Person gezeigt, wir lernen sie später als die Hauptfigur Guido kennen, die sich inmitten eines schier endlosen Staus befindet. Kein Vorankommen, eingeschlossen im Auto, ohne Möglichkeit zu entkommen. Die Insassen der anderen Autos starren den Mann mit eingefrorenen Mienen an. Arme in weißen Hemden hängen aus einem Bus wie Leichen.

Plötzlich ist der Wagen mit weißem Rauch gefüllt. Versuche des Gefangenen, sich zu befreien, scheitern. Zeugen dieser dramatischen Situation sind die regungslos Glotzenden, Voyeure, die sich dem Überlebenskampf des Bedrohten hingeben. Niemand sagt etwas, es herrscht völlige Sprachlosigkeit. Dem Ersticken nahe gelingt es Guido, übers Autodach zu entkommen, er fliegt einfach davon. Nur kurz ist der befreiende Flug in schwindelnde Höhen, denn bald wird er laut Drehbuch wieder auf den Boden geholt. Aus seinem freien Fall erwacht Guido desorientiert und von Ärzten umgeben in seinem Bett im Kurort.

Dass es sich bei dieser Szene um einen Traum handelt, wird nicht erst im Moment von Guidos Erwachen deutlich: Verlangsamte Bewegungen, eingefrorene Gesichter, die aufgereihten Gehängten im Bus, alles ist von unheimlicher Wirklichkeitsferne, von immenser Bedrohlichkeit. Auch wenn der Zuschauer die objektive Filmrealität erst nach dieser Traumszene kennenlernt, ist unschwer zu sehen, dass in der Stauszene der Stillstand, die kreative Stagnation des Protagonisten ihren Ausdruck findet: eine eindrückliche Darstellung des Ausgeliefertseins, der Gefühle des Bedroht- und Verfolgtseins, der eigenen Leblosigkeit; auch die „Beobachter", sowohl als äußere wie auch als innere Objekte, keine hilfreichen Figuren! Verworfen der Ansatz eines Lösungsvorschlags: Nicht abheben, sondern auf dem Boden bleiben, gibt der Traum warnend zu verstehen.

Beeindruckend, wie Fellini das Geschehen mit einer ausgefallenen und in der damaligen Zeit unüblichen Kameraführung pointiert. Während der gesamten Eingangsszene vermeidet die Kamera, Guidos Gesicht zu zeigen, und kann damit die Angst des Träumers vor „Gesichtsverlust" wunderbar unterstreichen. Auch ist die Kamera nicht an den Blick der Hauptfigur gebunden, aber dennoch subjektiviert. So wird z. B. Guidos Angst vor dem Ersticken mittels unruhig umherschweifender Kamerafahrten und Zitterschwenks eingefangen und seine verzweifelten Schläge gegen die Windschutzscheibe bringen den Bildausschnitt zum Beben.

Als beispielhaft kann diese erste Szene gelten, denn in ihr klingt in verschlüsselter Form bereits ein Großteil der Themen an, die in den unzähligen Episoden des Films lebendig werden, auch tauchen all die Figuren auf, die das innere und äußere Leben des Protagonisten bestimmen und die in den vielfältigen Traum- und Fantasieszenen dargestellt werden. Bereits hier ist die den Film prägende faszinierende optische Orientierung zu erkennen, Fellinis Art, im Bild festzuhalten, wie sich die Figuren inszenieren, mit welchen Blicken, mit welchen Bewegungen, ja Burlesken sie ihr Leben gestalten.

Interpretiert, gedeutet, bewiesen

Genug der interpretierenden Gedanken, obwohl es noch etliches zu sagen gäbe, viele Seiten könnte dies füllen. Und es wurde viel gesagt: Vermutlich wurde über kaum einen anderen Film so viel geschrieben wie über 8 ½. Über Guidos weitere Träume, seine Fantasien, die Tagträume, über die schillernden Frauenfiguren ... Es wurde vermutet, gedeutet, bewiesen, Traumseminare zum Film wurden abgehalten. Da wurde gerätselt, ob in dem Werk „Burn-out" zum Ausdruck kommt oder ob eher die Angst vor dem Älterwerden beschrieben wird, auch des Regisseurs schwierige Beziehung zu Frauen, seine wahrscheinlich ödipale Problematik wurden analysiert oder auch, welchem Genre das Ganze zuzurechnen sei.

All diese Gedanken mögen ihre Berechtigung haben. Dennoch: Der Versuch, den Film in der Fülle seiner Episoden, der Vielfalt der angeschnittenen Themen, der überwältigenden Kraft seiner Bilder und der oft ironischen Erzählweise zu entwirren, muss beim Zu-

schauen zu einem schwindelerregenden Unterfangen werden.

Wie aber sich nähern? Vielleicht geht es dem Betrachter ähnlich wie Guido, der lang verwirrt und konfus durch das Geschehen in seiner narzisstischen Unverbundenheit und der beziehungslosen Geschwätzigkeit irrt. Als aber die vom Regisseur ursprünglich als Diva engagierte Schauspielerin Claudia (bezaubernd Claudia Cardinale) die Szene betritt, gibt es in Guido eine Veränderung.

Zwar hat er für sie in seinem Film jetzt keine Rolle mehr, doch bald beginnt er, in ihr eine „Traumfrau" zu sehen und in sie eine Animafigur zu projizieren. Immer wieder taucht diese geheimnisvolle junge Frau in seinen Träumen auf, zuerst versorgend, nährend, ihn annehmend. Sie ist es, von der Quelle kommend, die ihn anstößt, sich auf die Suche zu machen, das Abenteuer zu wagen, sich seinen Traumfetzen zu nähern. Sie hilft ihm, sich aus seinen traumatischen Kindheitserlebnissen zu befreien und aus dem destruktiven Mutter- und Frauenkomplex herauszufinden. Sie gibt ihm Mut und Zuversicht, sich in die Dunkelheit seiner männlichen Seele zu begeben und sich mit den Facetten seiner Frauenbilder und dem aufwühlenden Durcheinander auseinanderzusetzen.

Dank der eros- und beziehungsstiftenden Funktion dieser Animagestalt vermag Guido allmählich, die zuvor isolierten, oft bedrohlichen Figuren und Erinnerungsfetzen anzu-

schauen. Treffend die Bemerkung einer Protagonistin: „Du hast uns alle herbeizitiert, weil du ohne uns nicht wirklich leben kannst." Und Guidos Erkenntnis? „Diese Verwirrung bin ich selbst ...!"

Fellini spielte mit dem Gedanken, sein Werk *AsaNIsiMAsa* zu nennen. Dieses Silbenspiel, komponiert aus der kindlichen Marotte, sich eine Geheimsprache zu erschaffen und zweimal im Film in Erscheinung tretend, verdeutlicht Fellinis Ahnung um die Bedeutung der Begegnung Guidos mit dieser Anima.

Um es mit Guidos Worten zu sagen: „Ich bin wie ich bin, aber nicht wie ich sein möchte. Aber ich habe keine Angst mehr, die Wahrheit zu sagen über das, was ich nicht weiß, was ich noch suche, was ich noch nicht gefunden habe. Nur so kann ich leben."

Wenn sich in der grandiosen optimistisch burlesken Schlussszene die einst unverbundenen, abgespaltenen und beziehungslosen Figuren im gemeinsamen Tanz die Hände reichen, mag der Zuschauer vielleicht den Wunsch verspüren, sich mit Guido einzureihen in diesen Reigen des Lebens.

8 ½ ist als DVD im Handel erhältlich

Vielleicht noch von Interesse:
Federico Fellini: Das Buch der Träume
Federico Fellini: Fellini über Fellini
Frederico Fellini: Denken mit Fellini
Federico Fellini: 8 ½
alle bei Diogenes

Dieter Volk
Analytischer Kinder- und Jugendlichen-Psychotherapeut, Dozent am C. G. Jung-Institut Stuttgart. Dort Initiator der Veranstaltungsreihe *Film im Keller.*

Der Traum ist die kleine verborgene Türe im Innersten und
Intimsten der Seele, welche sich in jene kosmische Urnacht
öffnet, die Seele war, als es noch längst kein Ichbewußtsein
gab, und welche Seele sein wird,
weit über das hinaus, was ein Ichbewußtsein
je wird erreichen können.

Denn alles Ichbewußtsein ist vereinzelt, erkennt Einzelnes,
indem es trennt und unterscheidet, und gesehen wird nur, was
sich auf dieses Ich beziehen kann. Das Ichbewußtsein besteht
aus lauter Einschränkungen, auch wenn es an die fernsten
Sternnebel reicht.

Alles Bewußtsein trennt; im Traume aber treten wir in den
tieferen, allgemeineren, wahreren, ewigeren Menschen ein,
der noch im Dämmer der anfänglichen Nacht steht, wo er
noch das Ganze,
und das Ganze in ihm war,
in der unterschiedslosen,
aller Ichhaftigkeit baren Natur.

Aus dieser allverbindenden Tiefe stammt der Traum, und
sei er noch so kindisch, noch so grotesk, noch so unmoralisch.
Er ist von einer blumenhaften Unbefangenheit und
Wahrhaftigkeit, die unsere autobiographische Lügenhaftigkeit
erröten macht.

Kein Wunder daher, daß in allen älteren Kulturen der
eindrucksvolle Traum als eine Botschaft der Götter galt.

C. G. Jung, GW 10, §304

Anette Müller, Lutz Müller
Praxis der Analytischen Psychologie
Ein Lehrbuch für eine integrative Psycho-
therapie Taschenbuch

Unter Mitarbeit von Günter Langwieler
und Thomas Schwind
Kohlhammer 2018
ISBN-13: 978-3170283961
360 Seiten, 49,00 €

Quadratur des Kreises

Um es gleich zu Anfang zu sagen, es ist ein Buch der umfassenden Polaritäten: es bietet sowohl einen weitreichenden Überblick der Theoriebildung in der Analytischen Psychologie als auch ihrer Anwendung in der psychotherapeutischen Praxis. Zahlreiche Verweise auf die traditionellen Wurzeln stehen in einer gelungenen Verbindung mit aktuellen wissenschaftlichen Erkenntnissen. Bezüge zu unterschiedlichen psychotherapeutischen Schulen werden geknüpft, zugleich aber auch ganz eigene, originelle Entwicklungen der Autoren selbst vorgestellt. Ein Lehrbuch geeignet für Einsteiger wie für „jungianisch" ausgebildete Therapeuten, ebenso für interessierte Laien wie für Fachpublikum, das sich über den aktu-

ellen Stand der Analytischen Psychologie informieren möchte.

Zugleich aber, und das ist ein wichtiges Verdienst dieses Lehrbuchs, öffnet es eine Perspektive in die künftige Weiterentwicklung tiefenpsychologischer Verfahren hinein. So zeigen Anette und Lutz Müller, wie die Analytische Psychologie C. G. Jungs als Ausgangsbasis für eine integrative Psychotherapie dienen kann, die einmal die Zukunft der psychodynamischen Behandlungsansätze darstellen könnte.

Gerade die Weite im theoretischen Aufbau der Analytischen Psychologie bietet die Anschlussfähigkeit an Konzepte anderer Schulen, wie die Autoren an verschiedenen Stellen glaubwürdig nachweisen. Der Untertitel Lehrbuch für eine integrative Psychotherapie ist daher ernst gemeint und untermauert einen integrativen Ansatz, der den Dogmatismus überkommener Schulenstreite hinter sich lässt.

Der Aufbau folgt einer klaren, zweigeteilten Struktur in Theorie und Praxis. Gleichzeitig sorgen viele Originalzitate, Abbildungen, Infokästen und Schemata für eine verständliche Vermittlung der Inhalte und gute Lesbarkeit.

Der erste Teil, die „Essentials", bietet einen umfangreichen Überblick über die zentralen theoretischen Konzepte der Analytischen Psychologie, wie das Komplexmodell, das Archetypenkonzept, den Individuationsprozess, das Symbolverständnis oder den Selbst-Begriff.

Am aktuellen Stand der Neurowissenschaften und Psychotherapieforschung ausgerichtet, umfasst er aber auch sehr originelle Beiträge zu einem modernen Verständnis von Bewusstsein wie zu den Wirkfaktoren in der Psychotherapie und stellt die Analytische Psychologie anderen Verfahren im Sinne eines integrativen Ansatzes gegenüber. So setzen sich die Autoren beispielsweise intensiv mit Analogien und Unterschieden zu den Konzepten und Ergebnissen von Panksepp, Maslow und Grawe, der Schematherapie nach Young oder den Modellen der Bewusstseinsentwicklung von Ken Wilber und Jean Gebser auseinander.

Im zweiten Teil der „Methoden und Interventionen der Analytischen Psychologie" geben die detaillierten Übersichten zu therapeutischer Haltung und Interventionstechniken eine grundlegende und nicht nur auf die Psychologie C. G. Jungs bezogene, praktische Anleitung. Diese eignet sich gerade für Studierende in der Weiterbildung der Analytischen Psychologie oder aber für Psychologie-Studierende mit Interesse an den Grundlagen psychodynamischer und tiefenpsychologischer Verfahren, um eine allgemeine Orientierung zu erhalten.

Es finden sich aber auch Exkurse und fundierte Einführungen zu spezifischen Methoden der Analytischen Psychologie wie der Aktiven Imagination und zur Arbeit mit Träumen in den Kapiteln von Ko-Autor Günter Langwieler oder in den Abschnitten über Malen und Schreiben aus dem Unbewussten oder dem Sandspiel. Im Format der Info-Kästen werden die Kernaussagen markant und übersichtlich zusammengefasst, so dass die Texte auch als Lerngrundlage in der Weiterbildung oder zur Prüfungsvorbereitung genutzt werden können.

Daneben findet sich in diesem Abschnitt eine von Thomas Schwind als weiterem Ko-Autor verfasste, differenzierte und einfühlsame Beschreibung des therapeutischen Prozesses in seinen verschiedenen Aspekten des Rahmens, der Therapie-Phasen, der therapeutischen Haltung und Beziehung. Sehr verdienstvoll ist die komprimierte Übersicht zum Übertragungskonzept der Analytischen Psychologie.

Hier ist es gelungen, C. G. Jungs ursprüngliche Darstellung der Übertragungsdynamik, die vielen Lesern als unzugänglich gilt, in eine gut lesbare Form zu gießen, die den wertvollen Originaltext mit einer überraschend modernen und intersubjektiven Auffassung vom Übertragungsgeschehen erschließt. Beiträge über die Entwicklung der Analytischen Psychologie, die über C. G. Jungs Ansatz hinausgehen, vervollständigen diesen Teil, insbesondere in den Abschnitten über die Analytische Therapie von Kindern und Jugendlichen und die Gruppentherapie.

Eine Besonderheit kennzeichnet dieses Buch noch über den Begriff des „Lehr"-Buchs hinaus. Denn Anette und Lutz Müller haben ihre in vielen Jahren der psychotherapeutischen und akademischen Lehrtätigkeit und ihrer Arbeit als Autoren und Redakteure reich gefüllte Schatzkiste an Jung-Zitaten geöffnet und zugänglich gemacht.

Nicht zuletzt deshalb trägt der erste Teil des Buches den Titel „Essentials" zurecht, denn allein mit dieser Zitatensammlung haben sie die in C. G. Jungs Werk oft in Amplifikationen und Umkreisungen verborgenen Kernsätze als Quintessenz herausgeschält, um sie hier wie auf einem Tablett zu präsentieren. Die Leserin und der Leser können dieses Konzentrat daher unmittelbar aufnehmen ohne die Mühe, sich dafür durch die Texte des Originalwerks arbeiten zu müssen.

So unternehmen die Autoren in „Praxis der Analytischen Psychologie" den in C. G. Jungs Werk oft vermissten Versuch, einen systematischen Überblick über die Theorie seiner Psychologie und ihrer therapeutischen Anwendung zu geben. Sie haben ein lebendiges Lehrbuch verfasst wie auch eine Positionierung der Analytischen Psychologie im therapeutischen und im wissenschaftlichen Umfeld vorgenommen.

Und sie spannen den Bogen von den Wurzeln der Analytischen Psychologie bis in die Zukunft einer integrativen Psychotherapie. Das ist ein umfassender Anspruch mit hohem Risiko. Die Aufgabe gleicht der im Kapitel über die Alchemie beschriebenen Quadratur des Kreises als dem Ausgleich aller Gegensätze. Diese ist aber ein Ding der Unmöglichkeit und besitzt ihren Wert vielmehr in der Dynamik einer Annäherung an das Ideal. Mit „Praxis der Analytischen Psychologie" haben sich Anette und Lutz Müller gemeinsam mit ihren Ko-Autoren diesem Wagnis ausgesetzt. Sie sind dem Ideal sehr nahe gekommen. Das Lesen lohnt sich unbedingt.

Konstantin Rößler

Ursula Wirtz
Stirb und werde
Die Wandlungskraft traumatischer
Erfahrungen
Patmos Verlag 2018
ISBN 978-3-8436-1011-7
384 Seiten, € 39,-

Ursula Wirtz beginnt ihr Buch mit einem Zitat von Angelus Silesius:

> *Wer hätte das vermeint!*
> *Aus Finsternis kommt Licht,*
> *Das Leben aus dem Tod,*
> *das Etwas aus dem Nicht.*

Diese Zeilen durchweben das Buch wie ein roter Faden, aus Finsternis kann Licht kommen, gemeint ist der Hoffnungsaspekt für traumatisierte Menschen.

Die Autorin beginnt das Buch mit ihrer persönlichen Lebensgeschichte, wie sie bereits intrauterin mit dem Tod ihres Vaters in Berührung war und wie sie als Kind die Leiden der Menschen, die ihr lieb waren, Mutter und Großmutter, die gerade den Krieg überlebt hatten, aufnahm.

Sie beschreibt das Stirb-und-werde-Motiv als von Geburt an in ihrem Leben konstelliert, als ihren persönlichen Mythos und wie die Themen Krieg und Frieden ihrem Leben eine Richtung gaben. Sie prägten ihr soziales, politisches und berufliches Engagement als Trauma-Psychotherapeutin und Jung'sche Analytikerin. Sie arbeitete in Kriegsgebieten mit und konnte in den verschiedensten Ländern, u.a. in Russland, China und Taiwan Einsichten gewinnen und die Bedeutung von kultur- und geschlechtsspezifischen Facetten im Kontext traumatischer Erfahrungen sehen und verstehen lernen. Das macht den Reichtum dieses Buches aus. Es ist von einer Traumatherapeutin geschrieben, die umfassendes Wissen in diesem Buch zu einem Ganzen zusammenfügen kann.

Sie bezieht sich auf C. G. Jung, seine Ausführungen im Roten Buch und sein eindringliches Rufen: *Meine Seele, wo bist Du? Hörst Du mich?* Und sie sieht Verbindungen zu traumatisierten Menschen, die über das Unheil, das sie erlitten haben, ihre Seele verloren haben. Die Auseinandersetzung mit dem Bösen, mit der Mythologie, der Kali, der Medusa, dem Abstieg in die Unterwelt, der Zerstückelung, Fragmentierung und der wiederkehrenden Frage: *Gibt es ein Weiterleben, ein Darüber-hinweg-Kommen, ein Vorwärtsgehen, gibt es das „Wunder" der Verwandlung?* All dies sind zentrale Themen im Buch von Ursula Wirtz.

„Traumatische Erfahrungen vermögen zu totaler psychischer Vernichtung zu führen oder zu Wandlungs- und Reifungsprozessen" und wir haben es nicht in der Hand, weder als Erleidende noch als Psychotherapeuten. Ein wesentlicher Aspekt ist die Idee der Ganzheit, bei C. G. Jung, („Suche nach der Ganzheit im Gebrochenen") und Verbundenheit, in der Spiritualität und die Möglichkeitsräume, die U. Wirtz über die Quantenphysik verständlich und einfühlbar herleitet.

Mir gefällt der Begriff von einem „undogmatischen Spiritualitätsverständnis", den sie von Harald Walach zitiert. Hier ist die Weite ihres

Denkens spürbar, die traumatisierte Menschen ganz besonders brauchen, um einen eigenen Weg, der ihnen Sinn gibt, wieder zu finden. Sie benennt immer wieder den Reichtum der Analytischen Psychologie und bezeichnet sie als eine „Psychologie der Hoffnung und als eine beseelte Psychologie". Immer wieder zitiert sie Menschen, die großes Leid durchlitten haben und nicht daran zerbrochen sind, z. B. Nelson Mandela.

Hier findet sie, ebenso wie in Poesie und Dichtung, eine „Offenheit für Dimensionen jenseits der Grenze". Und sie bleibt *„in der achtsamen Bezogenheit auf die Dialektik von Sein und Werden, von der Notwendigkeit zu akzeptieren, was sich nicht verändern lässt und im Sosein angenommen werden muss, und dem Ausloten von Wandlungsmöglichkeiten".*

Spiritualität ist für sie in der therapeutischen Arbeit eine „Goldmine". *„Eine achtsame spirituelle Haltung hilft, die Ohnmacht auszuhalten, ohne dass sie uns um den Verstand bringt, der Unmenschlichkeit ins Auge zu schauen ohne selbst unmenschlich zu werden, und über den Wahnsinn des Traumas nicht tödlich zu erschrecken."* Hier wird der weite Bogen der Autorin deutlich, die geerdete Menschlichkeit und Bezogenheit auf Transzendenz. Dies braucht die Traumatherapie als innere Haltung.

Sehr nachdenklich wurde ich bei dem philosophischen Thema subjektives Leid, wenn an das Überleben über Worte, wie bei Paul Celan, die Pilgerreise von C. G. Jung im Roten Buch angeknüpft wird. Im Roten Buch wird für Jung Totes wieder lebendig, und Jung hat darin „seine Seele wieder gefunden", wie viele traumatisierte Menschen es auch versuchen. Dennoch hat C. G. Jung in der Schweiz als freier Mann gearbeitet und gelebt, ja, auch gelitten, und trotz allem Leid, mit dem er ringen musste, war er im Außen frei, nicht eingesperrt, nicht im KZ, und konnte in Freiheit seine schöpferischen Fähigkeiten entfalten.

Das erging den vielen Menschen, die Ursula Wirtz beschreibt, ganz anders. Sie waren maximal unfrei und ausgeliefert und mussten in diesen traumatischen Lebensumständen irgendwie überleben.

Traumatherapie ist ein Prozess des Leben-Zusprechens, orientiert am Leitmotiv des Werdens und Vergehens, ein Versuch, in der Dunkelheit des „vergeblich" ein Licht anzuzünden und wenn möglich, wieder eine Rückbindung an den Urgrund des Seins zu eröffnen.

Das Buch ist ermutigend und sehr empfehlenswert. Es reflektiert menschliche und therapeutische Haltungen, lässt uns nachdenklich werden und inspiriert.

Margarete Leibig

rezensionen

Impressum

Jung-Journal
Forum für Analytische Psychologie
und Lebenskultur
Jahrgang 21, Heft 40, Oktober 2018
ISSN: 1867-4690 ISBN: 978-3-939322-40-5

Herausgeber
C. G. Jung-Gesellschaft Stuttgart Alexanderstr. 92,
70182 Stuttgart

Bankverbindung
opus magnum, Postbank, BLZ 60010070
Konto-Nr. 570344702
IBAN: DE60 6001 0070 0570 3447 02
BIC: PBNKDEFF

Erscheinungsweise, Abo, Vertrieb
Halbjährliches Erscheinen im April und Oktober
Ein Jahresabonnement mit 2 Heften kostet € 15,-
incl. Versandkosten. Bestellungen über:
Internet: www.jung-journal.de
E-Mail: mail@jung-journal.de
Postadresse: opus magnum
Hirsauer Str. 39, 70569 Stuttgart

Redaktion
Prof. Dr. Lutz Müller, Anette Müller,
Margarete Leibig, Bernd Leibig, Dieter Volk

Beiratsmitglieder der C. G. Jung-Gesellschaften
Dr. Christoph Ammermann (CGJ-Gesellschaft Bodensee)
Dr. Irene Berkenbusch (ISAP Zürich)
Dolores Henke (CGJ-Forum Freiburg)
Esther Böhlcke (CGJ-Gesellschaft Hannover)
Dr. Renate Daniel (CGJ-Institut Küsnacht)
Christiane Neuen (CGJ-Gesellschaft Köln)
Eva Fischer-Zehnder (Psychologische Gesellschaft Basel)
Volker Münch (CGJ-Gesellschaft München)
Dieter Schnocks (CGJ-Gesellschaft Stuttgart)
Dr. Andreas Schweizer (Psychologischer Club Zürich)

Layout
Lutz Müller, Barbara Fischer

Texte zwischen den Artikeln
Lutz Müller, Anette Müller

Bildnachweise: Wenn nicht anders angegeben stammen alle Abbildungen aus lizenzfreien
Quellen des Internet. Titelblatt Lava 4 images (www.shutterstock.com)

Webmaster
Walter Fleritsch

Druck
Kohlhammer Stuttgart

Verlag
opus-magnum, Stuttgart, www.opus-magnum.de

Die Inhalte der Artikel geben nicht unbedingt die Meinung der Redaktion wieder.
Für unverlangt eingesandte Manuskripte übernehmen wir keine Haftung.